일본
동행과 극복

정승연

〔일러두기〕

이미지 자료 출처
셔터스톡 ： www.shutterstock.com/ko/home
픽사베이 ： https://pixabay.com/ko/
국가기록원 ： www.archives.go.kr/next/viewMain.do
대한민국역사박물관현대사아카이브 ： www.archive.much.go.kr

〈본문 중 별도의 언급이 없는 그림의 출처는 셔터스톡(라이선스 계약), 혹
은 출판사 자체의 일러스트입니다.〉

일본

동행과
극복

지식공감

머리말

/

세계적으로 볼 때 이웃하는 나라들 사이는 대개 좋지 않다. 중국과 인도는 1962년 전쟁을 치른 이후 현재까지도 국경선을 확정하지 못하며 충돌하고 있다. 마찬가지로 전쟁까지 치르며 양측 모두 치명상을 입었던 이란과 이라크는 관계 회복을 꾀하고 있지만, 여전히 긴장 관계에 있다.

15세기 말 터키의 전신인 오스만 제국에 그리스가 점령당한 것을 계기로 양국은 여러 차례 전쟁을 치르며 갈등 관계를 이어왔다. 8,891㎞로 세계에서 가장 길고 우호적인 국경을 가졌다는 미국과 캐나다의 경우에도, 머차이어스 실 아일랜드(Machias Seal Island)라는 0.08㎢ 면적의 작은 섬을 둘러싸고 200년이 넘도록 치열한 영토 분쟁을 벌여왔다는 사실은 잘 알려지지 않았다.

그런데 프랑스와 독일은 다르다. 제2차 세계대전에 이르기까지 수많은 전쟁을 치렀던 앙숙이었지만, 오늘날 이 두 나라는 좋은 관계를 유지하고 있다. 이들이 적대국에서 동맹국으로 발전할 수 있었던 배경에는 침략에 대한 독일의 철저한 반성과 사죄 그리고 프랑스의 포용(Tolerance)이 있었다.

제2차 세계대전 직후 이 두 나라의 지도자들은 유럽에서 다시는 전쟁의 아픔을 되풀이하지 않기 위한 행동에 나섰다. 경제와 안보 등에서 하나가 된다면 유럽의 평화를 지킬 수 있다는 신념 아래, 이들 국가는 동행의 길을 선택했다. 그 길이 수없이 이어진 전쟁의 아픔과 상대에 대한 증오를 극복하는 길이라고 믿었다. 프랑스와 독일이 주도한 70년의 유럽통합의 대역사는 이러한 '동행과 극복'의 길이 틀리지 않았음을 증명한다.

　　현재 한국과 일본은 역대 최악의 관계에 있다. 일제 강점으로부터 해방된 이후 "과연 양국 관계가 좋았던 때가 있었는가?"라고 되물을 정도로 수많은 갈등을 이어왔지만, 그래도 지금과 같이 양국에서 반일과 혐한(嫌韓) 정서가 높았던 때는 없었다. 최근 2년 동안 역사문제에서 시작되어 일본의 경제보복과 한국의 안보협력 철회 선언이 이어졌는데, 기존과는 달리 이번 한일 갈등에는 브레이크가 작동하지 않았다. 어떻게 보면 양국 정부가 '갈등을 방치하거나 오히려 조장하지 않았나?' 싶은 생각마저 든다.

　　그러나 이웃하는 사이에 갈등과 반목이 깊어지게 되면 결국 그 폐해는 국가와 국민에게 고스란히 돌아온다. 경제가 타격을 받고 안보가 위협을 받는다. 양국 국민의 상대 국민에 대한 비난은 증오를 낳고, 그것은 다시 열린 사회로의 발전을 가로막는다. 두고두고 커지는 피해는 양국의 기성세대보다 미래세대에게 더욱 무겁게 다가온다.

일제의 침략과 식민지배라는 엄연한 역사적 사실 앞에서 우리가 일본이라는 나라를 순수하게 좋아하기는 어렵다. "역사를 잊은 민족에게 미래는 없다."라는 말처럼 우리는 역사의 진실을 밝히며 그 교훈을 가슴에 새겨야 한다.

그렇지만 지나간 역사에만 얽매여 있어서는 미래를 기약할 수 없다. 100여 년 전에 나라를 잃었던 아픔을 되풀이하지 않기 위해서라도 급변하는 국제정세 속에서 일본이란 나라를 제대로 바라보아야 한다.

'잃어버린 30년'을 거치며 우경화의 길을 재촉하는 일본에 대해 반일 감정만으로 얼굴을 붉혀서는 영원히 일본을 넘어설 수 없다. 우리의 생존과 미래를 위해 꼭 필요하다면 일본과 동행해야 한다. 동행을 통해서 일본을 극복하는 길을 찾아야 한다.

이 책은 경제문제를 중심으로 과거와 현재, 그리고 미래의 한일관계를 조명한다. 물론 경제와 연결된 외교·안보상의 문제도 다루고 있다.

제1장에서는 과거 일본과 한국은 상대와의 관계 속에서 어떻게 경제를 발전시켰는가 하는 문제를 살펴보고 양국 경제를 비교한다.

제2장에서는 오늘날 일본과 한국 경제가 겪는 어려움을 살펴보고, 경제와 안보 측면에서 벌어지고 있는 한일 갈등의 내막을 들여다본다.

끝으로 제3장에서는 한국이 왜 일본과 동행을 해야 하는가, 그것을 통해서 어떻게 일본을 극복할 것인가에 대해 생각한다.

이 책이 나오기까지 많은 분의 도움을 받았다. 필자가 교토대학 대학원에서 연구할 당시 지도교수셨던 세치야마 사토시(瀨地山敏) 교수께 우선 감사드린다. 판소리와 삼계탕 등 한국 문화를 유난히 좋아했던 세치야마 교수로부터는 경제학뿐 아니라 한일 협력의 중요성에 대해서도 가르침을 받았다. 그리고 교토에서 동문수학(同門修學)했던 한국인 선배 연구자께도 감사드리고 싶다. 특히 이 책의 내용에 대해 구체적인 지적과 조언을 아끼지 않은 이수철 교수(名城大学)와 한복상 교수(大阪産業大学)께 감사드린다. 또한 일본 경제 문제에 정통한 이형오 교수(숙명여자대학)와 양준호 교수(인천대학), 일본 외교·안보 문제 전문가인 남창희 교수(인하대학)께도 귀중한 지적에 대해 감사드린다. 평소 일본 문제에 관심이 많았던 제자들도 미래세대가 바라보는 시각을 제공해주었다. 특히 인하대 정하목 군과 인천대 김상혁 군에게 고마움을 전한다. 그리고 늘 가정의 소중함을 일깨워 주는 가족에게 고마움을 표하고 싶다. 끝으로 이 저서는 본인이 재직 중인 인하대학교의 지원을 받아 집필되었음을 밝혀둔다.

2021년 초여름
정승연

목차

제2장
현재의
한일 경제와 갈등

제3장
일본과의 동행
그리고 극복

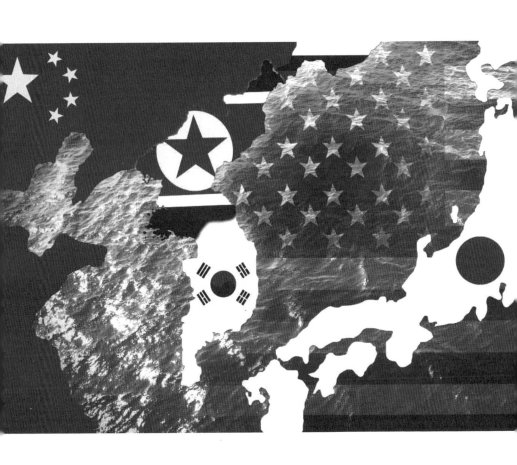

제1장

과거의
한일 경제 관계

한국전쟁을 통해
살아난 일본경제

☑ 태평양전쟁 패배와
야스쿠니 신사

일본 우익세력의 성지라고 하는 야스쿠니 신사(靖國神社)에는 유슈칸(遊就館)이라는 전쟁박물관이 있다. 전몰자들의 영혼을 기린다는 이곳에 가보면, 일본 군국주의에 사로잡힌 자들이 태평양전쟁을 일으킨 배경과 당시 전쟁을 이끌었던 수뇌부들의 생각을 엿볼 수 있다.

일본 야스쿠니 신사

일본 전쟁박물관 유슈칸

    1931년 만주사변을 통해 중국의 동북 지방을 점령한 일본은 1937
년 7월 7일 베이징 교외의 작은 돌다리인 루거우차오(蘆溝橋)에서 일
본군과 중국군 사이에 일어난 작은 사건을 빌미로 일방적인 공격을
개시했다. 중일전쟁의 시작이었다.

만주사변의 발단, 중·일 군대의 충돌이 일어난
루거우차오(ⓒWIKIMEDIA COMMONS)

    이후 중국의 국공합작으로 전쟁은 장기화하였는데, 일본은 중일

전쟁의 전선을 동남아시아로 확대하는 과정에서 미국, 영국 등의 연합국 세력과 충돌하게 된다.

1941년 12월 7일, 일본은 미국 하와이에 있는 진주만을 기습 공격한다. 당시 하와이는 미국 태평양 함대의 전진기지가 있었던 곳인데, 진주만 폭격 후 일본은 무서운 기세로 동남아시아 지역을 침략해 갔다. 일본과 동맹을 맺은 태국을 제외하고는 대부분이 일본 수중에 들어가게 되었다.

미주리호 선상에서 일본 천황의 항복문서 조인 사진과 당시의 문서
(ⓒ국가기록원)

그러나 진주만 폭격으로부터 4년, 히로시마와 나가사키에 대한 미국의 원폭 투하로 인해 일본은 무조건 항복했다. 이후 미국을 중심으로 하는 연합국 점령군에 의한 일본 군국주의 단죄가 시작되었다. 점령군의 최대 난제는 쇼와(昭和) 천황에 대한 전쟁 책임 추궁이었다. 쇼와 천황은 당시 일본의 최고 권력자로서 전쟁을 주도한 책임이 있었지만, 패전 후의 전범재판에서는 완전히 면책된다.

전쟁에서 천황에 대한 일본 국민의 광신적 충성심을 목도한 미군이 천황을 건드릴 경우 발생할 대혼란 및 그러한 혼란을 틈타 공산당이 득세할 것을 우려한 것이다. 결국 미국은 천황을 사면해 주면서 일본을 당시 동북아로 확대되던 공산 세력 확장을 막는 '방파제'로 삼기로 결정한다.

이것이 제2차 세계대전을 일으켰던 독일과 일본의 차이를 가져왔다. 나치의 만행을 낱낱이 파헤치고 책임을 물었던 독일은 주변 국가들과의 관계를 회복하며 유럽통합을 주도해 왔다. 반면에 전쟁 책임을 제대로 묻지 못했던 일본의 경우에는 그 후 전쟁을 정당화하려는 우익세력들의 영향력이 강하게 남아 한국, 중국 등 주변 국가들과 갈등을 빚어 온 것이다.

오늘날도 일본 우익세력들이 침략과 전쟁을 미화하는 논리는 다음과 같다.

> "만주사변에서 대동아전쟁(태평양전쟁)에 이르는 15년 전쟁은 일본에 의한 동아시아 해방 전쟁이었다. 일본은 서구 제국주의로부터 동아시아를 지키기 위해 대동아공영권을 만들었으며, 대동아전쟁은 미국 등의 제국주의 세력으로부터 일본과 동아시아를 지키기 위한 자위(自衛)전쟁이었다."

이러한 목소리는 오늘도 유슈칸에서 전쟁 당시의 군가(軍歌)와 함께 끊임없이 흘러나오고 있다.

☑ 일본경제의 몰락과 전후개혁

 군수산업 중심의 중화학공업화를 달성했던 일본경제는 패전과 함께 몰락을 맞이한다. 태평양전쟁 말기 미군의 원폭 투하를 받은 히로시마와 나가사키는 물론이고 도쿄, 가와사키, 나고야 등 대부분의 공업 도시들은 폐허로 변해 갔다.

태평양전쟁 당시 원자폭탄 투하로 폐허가 된 나가사키의 모습

 산업생산 활동 수준을 나타내는 광공업생산지수로 보면, 패전 직후 일본의 광공업생산지수는 1938년 수준의 절반 이하로 떨어졌다. 패전 직후 일본의 국민총생산(GNP) 역시 1938년 수준의 60%로 곤두박질쳤다.

 패전으로 인해 일본 국민은 허탈감에 빠졌지만, 한편으로는 큰 해방감도 맛보게 된다. 전쟁의 긴장으로부터 해방되었다는 의미 이외에도, 1868년 메이지유신 이후 이어졌던 구(舊)질서가 무너지면서

누리게 된 해방이기도 했다. 그러나 전쟁이 끝났어도 일본 국민은 경제적인 어려움에서 벗어나지 못했다.

무엇보다도 심각한 인플레이션과 물자, 식량부족이 일본 국민을 괴롭혔다. 패전 직후 4년 동안 도매 물가는 90배, 소매 물가는 60배나 뛰었다. 1946년에는 300% 이상의 연평균 물가상승률을 기록했다. 1970년대 초반 석유 위기 때 심각했던 인플레이션을 일본인들은 '광란(狂亂) 물가'라고 부르는데, 1974년 당시 소비자물가 상승률이 24.5%, 도매물가 상승률이 31.3%였던 점을 고려하면, 패전 직후 인플레이션이 얼마나 심각했는가를 알 수 있다.

인플레이션의 최대 원인은 생산 시설의 파괴가 부른 극심한 물자부족이었다. 전쟁 때의 배급제까지 무너진 탓에 생필품을 구하지 못하는 사람들은 암시장으로 몰렸는데, 당시 일본 전국에는 약 1만 7,000곳의 암시장이 존재했다.

무엇보다도 식량부족이 심각했다. 1945년 쌀 수확량은 1930년대 중반의 3분의 2 수준까지 급감했는데, 국민 1,000만 명이 아사할 것이라고 예상되기도 했다. 당시 도시에 살던 주민들은 휴일이 되면 옷가지를 들고 근교 농촌을 찾아 식량과 교환하는 암거래를 통해 목숨을 이어갔다.[1]

미국으로부터의 긴급 식량원조로 최대 위기는 벗어났지만, 식량 위기는 이후에도 몇 년간 이어졌다. 패전 이후 1952년 4월에 샌프

---

1) 森武麿·浅井良夫·西成田豊·春日豊·伊藤正直『現代日本經濟史』(有斐閣, 2002) 제2장 참조.

란시스코 강화조약이 발효될 때까지 패전국 일본은 사실상 미국의 점령 아래 있었다. 맥아더 장군을 사령관으로 하는 연합국최고사령부(GHQ)는 일본 정부 위에 존재하는 최고 정책결정기관이었다. 점령정책은 피점령국 일본의 무장해제에 역점을 두며 경제와 사회제도의 개혁까지 시도했다. 그 후의 일본 경제성장의 기반이 되었다는 평가를 받는 '전후개혁'이 사실상 미국에 의해 강압적으로 실시된 것이다.

▼ 제101회 대한민국 국무회의록−의결사항

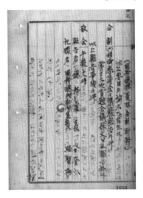

국무총리−맥아더 사령부의 요청에 의하여 현미 1만 톤(70만 석)을 일본에 수출하여 달라는 경제협조처(E.C.A) 제안 내한(來翰)에 관한 건(1949년) (ⓒ국가기록원)

　전후개혁의 목표는 일본의 '비군사화'와 '민주화'로 모아졌다. 비군사화를 위해 GHQ는 전시 군수산업을 담당했던 미쓰이(三井), 미쓰비시(三菱), 스미토모(住友) 등의 재벌 해체를 단행했다. 경제적 민주화를 위해서는 지주제를 해체하고 자작농을 육성하려는 농지개혁과 노동조합의 활성화를 통해 근로자의 생활 안정을 꾀하려는 노동개혁이 추진되었다.

초기에는 태평양전쟁을 일으켰던 일본을 징벌하기 위해 전후개혁을 강하게 밀어붙여야 한다는 논조가 강했다. 당연히 재계와 지주 등 기득권층을 중심으로 반발하는 움직임이 커졌다. 일본 정부도 경제가 어려워진다는 이유로 강경 일변도의 GHQ에 제동을 걸려고 했으나, 맥아더 중심의 GHQ는 흔들리지 않았다.

그러나 세계정세의 변화가 당시 일본을 도와주는 방향으로 불기 시작했다. 1940년대 후반부터 형성되기 시작한 미소 간의 냉전이 미국의 일본 점령정책의 방향을 바꾼 것이다. 그것은 1948년 1월 로얄 미국 육군장관이 행했던 샌프란시스코 연설에 담겨있다.

> "일본을 극동에 있어서 소련에 대항하는 중심축으로 만들기 위해
> 일본경제의 부흥을 적극 지원해야 한다."

얼 블레이크 대령(左), 케네스 로얄 육군장관(中),
케네디 대통령(右)(ⓒ케네디박물관)

이후 점령정책의 초점은 비군사화 및 민주화로부터 일본의 경제 부흥으로 옮아갔다. 1949년의 중국 공산화와 1950년의 한국전쟁 발발은 이러한 점령정책 전환을 가속화시켰다. 이로 인해 전후개혁은 크게 후퇴하게 되었는데, 특히 재벌 해체와 노동개혁에서 그러한 움직임이 나타났다. 이러한 후퇴는 경제 민주화 차원에서는 아쉬운 일이었지만, 노사화합을 유지하고 대기업을 온존시키며 경제 성장을 추구하고자 했던 일본의 입장에서는 다행스러운 일이었는지도 모른다.

☑ 한국전쟁 특수가
일본 고도성장의 기반으로

일본인은 자신의 나라를 '신이 지켜주는 국가(神國)'라고 칭하며, 결정적일 때 늘 하늘이 돕는다고 믿는다. 그 믿음의 한 사례로 거슬러 올라가면, 13세기 말 대제국을 건설했던 몽골이 일본을 정벌하러 출병했을 때, 가미카제(神風)가 불어 몽골 배들을 침몰시켰다는 이야기가 나온다. 또 하나는 앞서 말했듯이, 1940년대 말 냉전의 도래와 함께 미국이 일본경제의 부흥을 적극적으로 돕게 되었다는 것이다. 그리고 마지막이 지금부터 언급될 한국전쟁 이야기다.

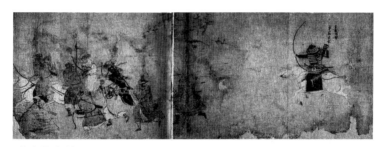

『蒙古襲来絵詞』 가미카제의 도움으로 몽골의 침입을 물리쳤다고 믿는 일본인의 믿음을 담고 있다.(ⓒ규슈대학부속도서관)

1940년대 후반 미국의 원조를 받으며 경제 재건에 나섰던 일본이지만, 경제가 이륙하기에는 자원이 턱없이 부족했다. 특히 자금이 부족했다. 전쟁으로 인해 대부분의 공장시설이 파괴되고 외화 부족으로 인해 해외로부터의 원료 수입이 어려웠던 당시 일본으로서는 특단의 조치가 필요했다. 경제 재건을 위해 필수적인 부문에 자금과 자원을 집중 투입하는 것이었다. 이것이 1947년부터 2년간 실시된 경사생산방식이었다.

경사진 곳에 물건을 두면 아래로 떨어지듯이, 당시 일본 정부는 경제 재건에 반드시 필요한 석탄과 철강이라는 두 부문에 자금과 자원을 집중 투입했다. 이 정책은 성공적이었다. 얼어붙었던 일본 경제에 조금씩 온기가 돌기 시작한 것이다. 그러나 경사생산방식으로 어느 정도 확보된 철강과 석탄을 이용해서 경제를 다시 일으키기 위해서는 자금이 필요했다. 무엇보다 공업화를 위해 필요한 자원과 기계의 상당수를 해외에 의존했던 일본으로서는 외화의 확보가 절실했다. 그때 한반도에서 전쟁이 터졌다.

한국전쟁은 일본에 엄청난 특수경기(特需景氣)를 가져왔다. 일본은 미군이 한반도에서 전쟁을 수행하는 데 있어서 병참기지의 역할을 철저히 수행했다. 이것은 미국의 외교·안보적 목표와 일본의 경제적 실익이 맞아떨어진 결과였다.

한국전쟁에서 시작해서 현재까지도 미군의 기지를 안고 산다는 의미에서 일본을 '기지국가'라고 부르기도 한다. 1947년 5월 '전쟁 포기'를 명기한 일본국 헌법이 발효되어 '평화국가'로서 재기할 것을 다짐한 지 5년 만인 1952년 4월에 샌프란시스코 강화조약이 발효되고, 같은 날 미일안보조약이 발효됨으로써 일본은 '기지국가'가 되어 독립했다.

오키나와에 주둔 중이던 미군들(©국가기록원)

　한국전쟁 기간에 일본은 미군에게 무기, 석탄과 같은 물자를 제공함은 물론 건설이나 자동차 수리 등의 서비스도 도맡았다. 1953년 휴전 이후에 폐허가 된 한국을 재건하는 과정에서도 일본으로부터 물자와 서비스가 도입되었다.

▼ 한국전쟁 전후 5년 동안의 주요 물자 계약고

순위	1950년	1951년	1952년	1953년	1954년
1	트럭	자동차부품	무기	무기	무기
2	면포	석탄	석탄	석탄	석탄
3	모포	면포	마포(麻布)	식료품	식료품
4	건축강재	드럼통	가시철사	가구	가구
5	마포(麻布)	마포(麻布)	시멘트	건전지	시멘트

〈자료 : 남기정, 「한국전쟁 시기 특별수요의 발생과 '생산기지' 일본의 탄생 – 특별수요의 군사적 성격에 주목하여」, 『한일군사문화연구』, 한일군사문화학회, 2012.〉

1950년 전쟁 발발부터 5년 동안 이렇게 일본이 누렸던 직·간접 특수효과는 약 35억 달러에 달했다. 우리나라가 일본과 1965년 국교를 정상화하며 받았던 배상금과 차관의 총 규모가 8억 달러였던 점을 고려하면, 한국전쟁 당시 일본이 누렸던 특수효과가 얼마나 컸던가를 짐작할 수 있다.

35억 달러에 달하는 자본의 형성은 1950년대 중반부터 일본경제가 이륙하는 데 결정적 기반이 되었다. 1955년 이후부터 1973년 제1차 석유 위기가 있기까지 일본경제는 연평균 국내총생산(GDP) 성장률이 9.3%에 달하는 등 경이로운 성장세를 기록했다. 이렇게 일본이 세계에서 유례를 찾기 힘든 고도의 경제성장을 시작할 수 있었던 것은 한국전쟁으로부터의 특수효과가 있었기 때문이다. 한 경제가 고도성장을 시작하기 위해서는 안정적인 노동과 자본의 축적이 필요한데, 일본의 경우 당시의 저임금 노동력에 더해 한국전쟁을 통해 막대한 자본을 축적했던 것이다.

이렇게 한국전쟁의 발발이 일본경제의 기사회생을 가져왔다는 것은 당시 일본 사회 지도층의 발언에도 그대로 녹아 있다. 당시 일본은행 총재였던 이치마다 히사토(一万田尚登)는 "일본의 재계는 구원을 받았다. 조선의 동란은 〈…중략…〉 가미카제(神風)였다."라고 회상했다. 패전 직후 외무대신을 거쳐 총리를 다섯 차례나 역임했던 요시다 시게루(吉田茂)는 한국전쟁이 발발하자 "이것이야말로 천우신조다. 〈…중략…〉 한국전쟁은 신이 일본에 내린 선물이다."라고 외쳤다. 그로부터 50여 년이 지나 요시다 시게루의 외손자 아소 다로(麻生太郞)도 총리가 되었는데, 그의 생각과 발언 역시 외조부를 닮았다.

"운이 좋게도, 정말 운 좋게도 한국전쟁이 일어났다."

요시다 시게루 전 총리와
그의 외손자 아소 다로 전 총리(현 부총리)
(ⒸWIKIMEDIA COMMONS)

이웃 나라에서 벌어진 동족상잔의 비극이 일본에는 큰 행운이라는 말이 50년을 두고 두 총리의 입에서 나온 것이다. 참으로 어처구니없는 망언이다.

그러나 일본이라는 나라, 일본의 경제 회생이라는 측면만을 본다면 이는 틀림없는 사실이었다. 역사에 가정은 무의미하지만, 만약 한국전쟁이 일어나지 않았다면 패전 후 불과 10년 만에 일본이 경제로 다시 일어서기는 어려웠을 것이다.

☑ 미국의 지원 아래
'제2의 경제대국' 실현

1952년 4월, 샌프란시스코 강화조약의 발효와 함께 독립을 맞이한 일본은 같은 해 8월에 국제통화기금(IMF)과 세계은행에 가입하고, 1955년 9월에는 관세 및 무역에 관한 일반 협정(GATT) 회원국이 되었다. 미국이 주도하는 전후 자유주의 경제체제에 일본이 빠르게 편입된 것이다. 이후 일본은 미국의 전폭적인 도움을 받으며, 전전(戰前) 강병(强兵) 노선을 벗어나 전후 부국(富國)의 길을 걷게 된다.

전전의 일본경제에서는 총이나 대포, 전투기, 군함 등을 생산하던 군수(軍需) 중공업이 중심이었다면, 전후에 있어서는 철강, 조선, 석유화학, 기계 등의 민수(民需) 중화학공업을 중심으로 고도성장이 시작되었다. 전체 산업 가운데 중화학공업이 차지하는 비율인 중화학공업화율로 보면, 고도성장이 시작된 1955년 일본은 미국, 영국, 서독, 이탈리아 등 서방 국가들에 비해 뒤처진 30%대 초반에 머물러 있었다. 그러나 불과 5년 만에 일본은 이 나라들을 제치고 50%를 넘는 중화학공업화율을 달성하게 된다.

중화학공업의 발전과 함께 일본의 고도성장을 가능케 한 것은 높은 생산성 향상이었다. 1960년대 전반 5년에 걸친 일본 제조업 평균의 노동생산성 상승률은 30.1%로 미국(23.7%), 서독(17.4%), 영국(17.3%)을 앞섰는데, 1960년대 후반이 되면 일본 89.0%, 서독 25.6%, 영국 14.6%, 미국 7.9%로 그 격차가 크게 벌어졌다. 이를 통해 1968년 일본은 서독을 제치고 제2의 경제 대국 반열에 올랐다. 패전과 함께 미국의 원조를 받던 일본이 불과 20년 만에 미국 다음가는 자리에 오른 것이다.

1964년 도쿄-오사카 신칸센 개통(©WIKIMEDIA COMMONS)

이렇게 일본이 경제 대국으로 급부상하게 된 데에는 미국의 도움이 절대적이었다. 태평양전쟁이 끝난 후 일본이 동아시아 '대리인' 구실을 하도록 일본경제에 대한 지원을 아끼지 않았던 미국은 1960년대 이후 일본상품의 주요 수출시장이 되어 주었다. 일본 내수시장 판매를 통해 경쟁력이 강해진 일본 전자제품이나 자동차 등이 미국 시장으로 수출을 늘려간 것이다. 1964년 18억 달러였던 일본의 대미 수출액은 1970년에는 3배가 넘는 59억 달러에 이르렀다.

이렇게 일본경제의 급부상을 보면서 미국은 처음에는 미소를 지었겠지만, 그 부상이 너무나도 빠르고 미국경제에 타격을 주게 되자 일본을 서서히 위협으로 받아들이기 시작했다. 이렇게 1970년대부터 표면화된 미일 무역마찰은 1980년대에 이르러서는 자동차와 반도체를 중심으로 무역전쟁으로 격화되어 갔다.

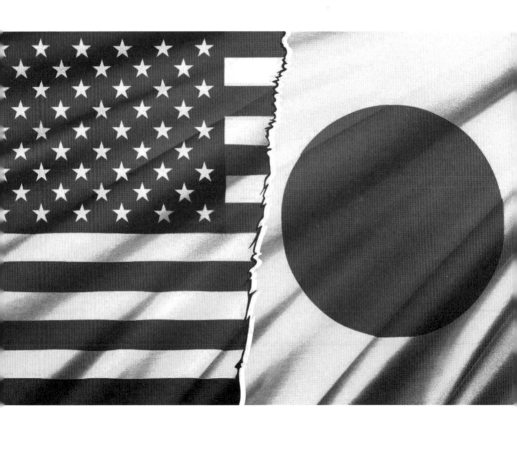

일본 자본재를 활용해
성장한 한국경제

☑ 자본재 수입을 통한
조립가공 생산

자본재(capital goods)란 소비재와 대립되는 개념으로 인간에 의해서 생산된 생산수단 또는 중간재를 말한다. 즉 자본재는 다른 재화를 생산하기 위해 사용되는 기계나 설비, 부품, 소재 등을 가리킨다. 이 자본재가 있어야 재화를 만들 수 있는데, 1960년대 당시 우리에게는 양질의 자본재를 만들 기술이 없었다.

집권 초기 박정희 정부는 두 가지 핵심 경제발전 전략을 취하였는데, 그 하나가 정부주도형 전략이었고 또 하나가 수출주도형 전략이었다. 그리고 이 두 전략을 추진하는 데 있어서 필요한 자본재 기술을 주로 일본으로부터 도입하려고 했는데, 이는 국교 정상화를 통해 한국을 경제거점으로 삼으려는 일본의 의도와 맞아떨어졌다.

당시의 정부주도형 경제발전을 상징하는 것은 국가산업단지의 건설이었다. 1960년대부터 울산, 구미, 여수, 창원 등에 각종 인프라를 정부가 직접 구축하고 기업들을 유치했다. 이를 통해 현대, 삼성, 럭키금성 등의 한국의 재벌들이 성장할 기반을 마련하게 되었다. 또한 박정희 정부는 외국인 투자 유치를 목적으로 공단을 조성했는데, 그 대표적인 곳이 1970년 문을 연 마산 수출자유지역이었다. 당시 정부는 마산 수출자유지역 입주 기업에 세제상의 특전을 비롯하여 이익금 및 원금의 송금, 수출입 절차의 간소화 등 각종 혜택을 제공했는데, 이곳에는 일본의 소니, 산요 등 전자업체들의 투자가 이어졌다.

구미 공단과 마산 수출자유지역(©국가기록원)

이렇게 정부가 경제발전을 견인하면서 채택한 또 하나의 전략이 수출 드라이브 정책이었는데, 당시 내수시장이 취약했던 우리로서는 어쩔 수 없는 선택이었다. 1960년대와 1970년대에 걸쳐 한국은 전체 수출의 30~50%를 미국으로 수출했고, 그 품목은 직물이나 의류, 목제품, 신발 등 경공업 제품이 절반 이상을 차지했다. 그리

고 이 시기 한국은 전체 수입의 40% 내외를 일본으로부터 수입했
는데, 그 내역을 보면 공업용 원료나 기계, 부품 등의 자본재가 전
체의 80% 정도를 차지했다.

▼ 한국의 최대 수출입 대상국의 비중과 변화

1970년		2003년	
수입	수출	수입	수출
일본 8억1천만 달러 (41.0%)	미국 3억9천만달러 (47.3%)	일본 363억 달러 (20.3%)	중국 351억 달러 (18.1%)
			미국 342억 달러 (17.7%)

㈜ 금액은 해당 연도 각국에 대한 수출입 금액이며, 괄호 안 %는 해당 연도
한국의 총 수출입액에서 해당 국가에 대한 수출입액이 차지하는 비중이다.
〈자료 : 한국무역협회 무역통계〉

즉 우리나라 공업화의 초기에 해당하는 이 시기에 일본으로부터
자본재를 수입하여 생산한 소비재를 미국으로 수출하는 무역구조
가 하나의 큰 축으로 자리 잡은 것이다.

이후 1980년대와 1990년대에 있어서는 우리나라의 주요 수출 품
목이 전기제품, 반도체, 자동차 등으로 변화됨에 따라 일본으로부
터도 이들 공업제품 생산에 필요한 부품과 소재를 수입하였다. 그
리고 1990년대 이후가 되면 중국의 개혁개방이 본격화되며 한국 무
역구조도 큰 변화를 맞게 된다. 즉 기존의 미국 시장에 더해 중국

시장이 점차 우리 경제의 주요 수출시장으로 부상하게 된 것이다.

중국은 2001년에 WTO에 가입했는데, 그로부터 2년 후인 2003년에 미국을 제치고 우리의 최대 수출시장으로 부상하였다. 그리고 그 과정에서 우리 무역은 일본으로부터의 자본재 수입을 통해 생산한 중간재나 완제품을 중국과 미국에 수출하는 구조로 바뀌게 된다.

☑ 대일 무역적자와
　　대미·대중 무역흑자의 확대

　경제적으로 우리나라와 깊은 관계를 맺어온 나라는 일본과 미국 그리고 중국이다. 아래 그림에서 확인할 수 있듯이, 1965년 국교 정상화 이후 일본에서 주로 자본재를 수입한 한국의 대일 무역적자는 1990년대와 2000년대에 걸쳐 급증했다.

　반면 미국과 중국에 대해서도 1980년대 초반까지 한국은 소폭의 무역적자를 기록했으나, 1990년대 이후가 되면 이 두 나라에 대해 한국은 무역흑자 규모를 키워왔다. 특히 2000년대 초반 한국의 대중 무역흑자가 대미 무역흑자를 초월한 이후 양국에 대한 무역흑자 격차는 더욱 벌어졌다.

▼ 한국의 대일·대미·대중 무역수지의 추이(단위 : 백만 달러)

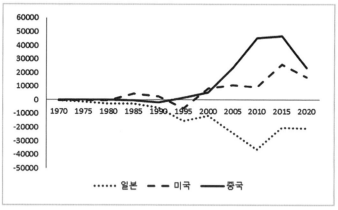

〈자료 : 한국무역협회 무역통계〉

2008년 글로벌 금융위기와 2015년경부터의 중국경제 감속에 따라 최근의 대중 및 대미 무역흑자와 대일 무역적자의 규모는 줄어들고 있다. 하지만 일본으로부터 양질의 자본재를 수입해서 생산한 중간재 및 최종재를 중국과 미국에 수출하는 기본 구도는 이어지고 있다.

특히 최근에는 한국의 대중 무역흑자와 대일 무역적자가 서로 연동하는 모습을 보이는 점에 주목할 필요가 있다. 대중 무역흑자가 급증하던 2000년대에 걸쳐 대일 무역적자도 급증한 반면, 2010년 경부터 대중 무역흑자가 정체되며 줄어들자 대일 무역적자도 비슷한 양상을 보인 것이다.

이렇게 원자재 및 자본재 수입을 통해 생산한 양질의 제품을 미국이나 중국, 유럽 등으로 수출하면서 한국의 무역의존도(수출입총액/국내총생산) 역시 상승해 왔다. 예를 들어 1990년에 53%였던 한국의 무역의존도는 2000년에 69%, 2010년에는 96%까지 치솟았다. 2011년에는 110%로 최고치를 기록했다. 국내총생산을 넘어설 정도의 수출입을 기록한 것이다. 하지만 2010년대 이후 한국의 중국, 미국, 일본과의 수출입 규모가 줄어들면서 무역의존도 역시 감소하여 2019년 82%에 이어 2020년에는 73%를 기록하고 있다.

☑️ 한국경제의 성장과
한일 격차의 축소

　삼성이나 현대 등 구 재벌계 대기업들이 주로 일본으로부터 부품이나 소재, 장비 등의 자본재를 수입함으로써 대일 무역적자가 확대·누적되어 온 점을 들어 한국경제를 비판하는 목소리가 많았다.

　하지만 이러한 비판에도 불구하고 한국경제는 빠르게 성장해 온 점은 사실이다. 그리고 그것은 단순히 양적 성장만을 의미하는 것이 아니라 기술혁신이나 경쟁력 향상 등 질적인 면에서도 말할 수 있다. 일본과의 비교를 통해서 보면 이 사실은 자명해진다.

▼ 한국과 일본의 실질 경제성장률 비교(단위 : %)

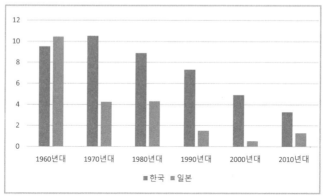

〈자료 : 한국 통계청 국제통계연감, 일본 내각부 국민경제계산〉

　위의 그림에서 알 수 있듯이, 일본의 경우 세 가지 경제성장의 패턴이 나타난다. 즉 1960년대에는 평균 10%를 넘는 고도성장을 구가했지만, 1970년대와 80년대에는 4%대로 내려갔으며, 주식과 부동산 버블이 꺼진 1990년대 이후에는 1%대 내외의 저성장이 이어지고 있다.

일본이 3단 계단형으로 성장률이 급감했다면, 한국의 경제성장률은 완만한 산의 형태를 그리고 있다. 즉 한국의 경우 1960년대와 70년대에 10% 전후의 고도성장을 실현했는데, 1980년대 이후가 되자 성장률이 조금씩 낮아져 2010년대에는 3%대의 성장률을 기록하고 있다.

특히 경제성장에 있어서 한국이 일본을 크게 앞선 시기는 1990년대와 2000년대이다. 버블경제의 붕괴로 인해 실물경제까지 타격을 받은 일본의 경제상황이 '잃어버린 20년' 동안 정체된 반면, 한국은 5~8%의 견실한 성장을 이어간 것이다. 버블경제의 절정기였던 1990년과 현재의 양국 경제를 비교해 보면, 지난 30년 동안 한일 경제 격차가 얼마나 많이 줄었는가를 알 수 있다.

▼ 한국과 일본의 경제 규모 비교

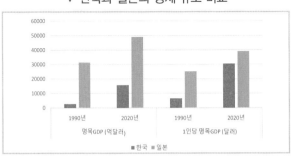

〈자료 : IMF World Economic Outlook〉

명목GDP 수준으로 보면, 1990년 한국경제의 규모는 일본경제의 9%에 불과했지만 2020년에는 32%까지 커졌다. 또한 1990년 한국의 1인당 GDP는 일본의 26%였지만, 2020년에는 79%까지 확대되었다. IMF의 세계경제전망(World Economic Outlook)에 따르면, 한일 양국의 물가수준을 반영한 구매력평가(PPP) 1인당 GDP에 있어서는 2023년에 한국이 일본을 추월할 것으로 전망된다.

이러한 양적 성장뿐만 아니라 질적인 측면에서도 한국과 일본의 격차는 크게 줄어들었다. 매년 스위스 IMD(국제경영개발연구원)가 발표하는 국가경쟁력 평가를 보면 이 점을 확인할 수 있다. IMD는 경제적 성과, 정부 행정의 효율성, 기업경영의 효율성, 인프라 등 4대 영역을 중심으로 국가경쟁력을 평가하는데, 다음 그림은 최근 30년 동안의 일본 국가경쟁력 순위의 변화를 나타내고 있다.

▼ 일본의 국가경쟁력 순위 추이

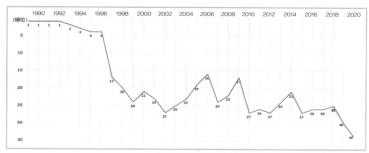

〈자료 : IMD World Competitiveness Yearbook〉

일본의 국가경쟁력은 1989년부터 1992년까지 세계 1위를 차지했

지만 이후 급격히 추락했다. 2000년대 이후 일본과 한국은 20위권
에 비슷하게 머물렀으나, 2020년에 일본은 34위까지 하락한 것에
비해 한국은 23위를 기록했다.

▼ 한국과 일본의 디지털 경쟁력 순위 변화

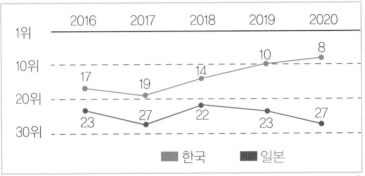

〈자료 : IMD World Competitiveness Yearbook〉

종합적인 국가경쟁력 이외에 IMD는 디지털 경쟁력을 평가하며 4
차 산업혁명에 대비하는 국가 역량을 평가하고 있다. 디지털 기술
에 대한 적응력과 관련해 지식과 기술, 미래 준비도 등 3개 분야를
측정해 국가별 디지털 경쟁력 순위를 평가하는 것이다. 앞의 그림
을 통해 최근 5년 동안의 디지털 경쟁력 순위 변화를 보면, 한국이
일본을 크게 앞서고 있음을 알 수 있다.

한일 경제성장과
산업구조의 비교

☑ 최대의 공통점은 '압축성장'과
'캐치업형 공업화'

　일본과 한국의 경제성장에 있어서 최대 공통점을 꼽으라면 압축
성장을 실현했다는 점이다. 구미(歐美) 국가들의 경제성장 기간에
비하면 한일 양국 모두 단기간에 '경제 기적'을 이뤘다. 일본이 메이
지유신(1868) 이후 50년 동안에 서구의 산업혁명 이후 150년의 성장
을 압축해 따라갔다면, 한국은 1960년대 이래 30년 동안에 서구의
200년, 일본의 100년의 성장을 압축했다.

1922년 관동대지진 직전의 도쿄 니혼바시(日本橋) 일대 풍경(ⓒ재팬아카이브)

일본과 한국은 후발국(late-comer countries)으로서 구미의 선발국을 캐치업(catch-up) 하는 방식으로 경제성장을 이룩했다는 점에서도 유사성을 갖는다.

영국 등의 선발 선진국의 경우 기술, 노하우, 고성능 기계, 선진적 사회제도 등 경제성장에 필요한 일련의 발전 요소를 기본적으로 스스로 창조적으로 개발하여 축적해 왔다. 이에 반해, 일본이나 한국과 같은 후발국은 그러한 발전 요소를 자체적 개발이 아니라 선발국으로부터 도입하여 이를 흡수하고, 자국의 조건에 맞도록 개량하는 식으로 경제를 발전시켜 왔다. 이른바 캐치업형 공업화를 달성한 것이다.[2]

일반적으로 뒤늦게 경제성장을 시작한 후발국의 발전 속도가 선발국보다 빠른 경우가 많다. 그 이유는 선발국이 개발한 기술, 고안한 제도 등을 후발국이 보다 짧은 기간과 비용으로 사용할 수 있기 때문이다. 이것이 거셴크론(Gerschenkron)의 '후발성 이익론'인데, 일본과 한국이 그 전형적인 예라고 할 수 있다.

독일과 구(舊) 소련 등을 모델로
삼아 '후발성 이익론'을 창안한
알렉산더 거셴크론
(Alexander Gerschenkron)
(ⓒGuggeniheim Memorial Foundation)

---

2) 이종윤·김현성, 『전환기의 한일 경제』(이채, 2007). p.120.

그런데 일본과 한국이 압축성장과 캐치업형 공업화를 통해 실현한 산업구조를 보면 양국은 상당한 차이를 드러낸다. 일본은 원천기술, 소재와 부품, 완제품 등 제조업 전체 가치 창출 과정에 대한 '원세트(one-set)형' 산업구조를 지향한 반면, 한국의 경우에는 제조업의 가치 창출 중 상대적으로 캐치업이 용이한 '조립가공형' 산업구조를 추구한 것이다.

☑ 일본의 원세트형 산업구조

과거에 종합선물세트라는 것이 있었는데, 여기에는 껌에서부터 초콜릿, 과자에 이르기까지 당시 아이들이 좋아하는 모든 먹거리가 들어 있었다. 일본의 산업구조는 이와 유사하게 자본재로부터 완제품에 이르는 모든 분야가 하나의 세트로 형성되어 있다.

일본이 이와 같은 산업구조를 갖게 된 것은 압축성장을 시작한 메이지유신 이후의 시대적 상황과 밀접히 연결되어 있다. 낙후된 아시아를 벗어나 구미의 앞선 기술과 문물을 받아들이겠다는 탈아입구(脫亞入歐)의 정신 아래 시작된 메이지유신을 통해 일본은 강력한 중앙집권 국가를 향해 달려갔다. 구미의 근대적인 경제제도와 산업기술을 수입하여 짧은 기간에 식산흥업(殖産興業)을 꾀했으며, 군사력 강화를 통해 부국강병(富國強兵)을 추구했다.

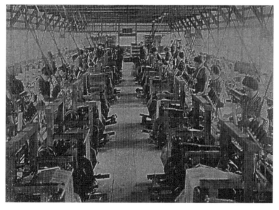

메이지 시대 戸出物産株式会社(ⓒWIKIMEDIA COMMONS)

이를 통해 빠르게 공업화를 달성해 갔던 일본은 1920년대에 이르러 '무역의 3각축'을 형성하게 된다. 일본이 생산한 생사(生絲)를 중심으로 한 대미무역을 통해 외화를 벌어서, 그 외화로 영국 등 유럽으로부터 기계·금속제품을 사고, 인도 등 그들의 식민지로부터는 면화를 수입했다. 그리고 기계·금속제품을 기반으로 중공업을 육성하여 군사력을 강화하고, 면화를 원료로 하는 면제품을 생산하여 아시아 각국으로 수출했다.

그런데 1930년대 이러한 일본의 무역 3각축은 붕괴되어 간다. 세계 대공황과 미국에서 관련 공업의 발달, 아시아에서 면직물 산업의 발달로 일본의 외화 획득이 크게 줄어들면서 유럽으로부터 중화학공업 원료나 기계를 수입하기가 어려워진 것이다.

이 상황에서 당시의 일본 제국주의가 선택한 길은 '대동아공영권'이라고 하는 자급자족 경제권의 구축이었다.

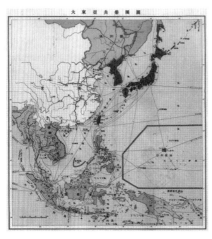

대동아공영권도(大東亞共榮圈圖)
(ⓒWIKIMEDIA COMMONS)

하지만 그 과정에서 군수산업 기술과 제조의 거점은 일본 본토였고, 조선·만주·동남아시아 등 식민지 지역은 어디까지나 자원 수탈과 시장의 역할에 국한되었다. 따라서 원세트형이라고 하는 오늘날 일본 산업구조의 원형은, 전전(戰前) 일제가 구축하려고 했던 일본 본토 중심의 자급자족 경제구조에서 찾을 수 있는 것이다.

1990년대 중반 노구치 유키오(野口悠紀雄)라는 일본의 유명 경제학자가 집필한 『1940년 체제』라는 책이 많은 관심을 불러일으켰다.[3] 이 책에서 노구치는 오늘날 일본경제의 특징이라 할 수 있는 많은 구성 요소, 예를 들면 주주보다는 종업원을 중시하는 일본의 기업경영, 종신고용과 연공서열과 같은 고용시스템, 은행 중심의 간접금융, 중앙집권적인 재정제도 등은 태평양전쟁이라는 총력전을 치르기 위해 1940년 무렵에 만들어졌다고 말한다.

노구치 유키오 교수의 『1940년 체제』

---

3) 野口悠紀雄, 『1940年體制』(東洋經濟新報社, 2002).

그리고 그 체제가 전후에도 이어졌는데, 이는 고도성장과 캐치업이라는 또 다른 경제 총력전을 치르는 과정에서 '1940년 체제'가 훌륭하게 기능했기 때문이라고 지적한다. 물론 결론에서 노구치는 향후 일본경제가 이 체제로부터 탈피해야 새로운 발전을 기대할 수 있다고 말하고 있다.

원세트형이라고 하는 일본의 산업구조 역시 일본의 패전에도 불구하고 전후의 산업시스템으로 이어졌다. 이는 전전에 축적된 군수 중심 기술이 전후의 민수(民需) 중심 중화학공업화로 이어졌다는 사실에서 기인한다.

또 하나 중요한 사실은 일본이 원세트형 산업구조를 유지해 가는 것이 1950년대 중반 이후의 고도성장 과정에서 유리했다는 점이다. 즉 고도성장기에 있어서 가전이나 자동차 등 내구소비재에 대한 국내 수요가 급증하는 과정에서, 일본의 대기업들은 수많은 계열·하청기업들과 생산 협력 관계를 유지하는 것이 필요했다.

이러한 기업 간 관계로 인해 그 내부에서 자본재부터 완제품까지 생산하는 자기완결형, 즉 원세트형 산업구조가 이어졌다. 또한 1970년대 이후 미국과 유럽 등으로 수출을 확대하는 과정에서도 장기간에 걸친 기업 관계의 유지는 일본경제의 강한 경쟁력의 핵심 요소로 평가받았다.

　한국전쟁 이후부터 1950년대까지 한국의 공업화는 소위 삼백(三白)이라고 불렸던 소맥분, 섬유, 설탕 등 미국의 소비성 원조물자를 기반으로 하는 경공업 수입대체 생산이 중심이었다.

재일교포 실업인 대한제분 시찰(ⓒ국가기록원)

　그러나 1961년 집권한 박정희 정부는 경제정책 기조를 종래의 수입대체에서 경공업품의 수출주도로 변모시키게 된다. 정권의 정당성 확보를 위한 빠른 경제성장을 위해서는 수출주도형이 유리하다는 판단이 작용한 것이다.

　또한 1950년대 후반부터 미국으로부터의 원조물자가 점차 감소했기 때문에 박정희 정권 입장에서는 부족한 자원 및 기술을 획득하기 위해 독자적인 외화 획득이 필요했다. 이를 위해서는 외국과의 무역을 통한 외화 획득이 절실히 요구되었기 때문에 수출주도형 성장에 주력했다. 그리고 그 구체적 방안으로 각종 수출 장려제도, 환율제도의 뒷받침, 해외로부터의 자본 및 기술 도입 등이 추진되었다.[4]

그런데 부품이나 기계 등의 자본재산업이 발달하지 못한 상황에서 수출주도형 성장을 추구하기 위해서는 필연적으로 자본재 수입이 늘어날 수밖에 없었다. 이로 인해 한국은 일본 등으로부터 수입한 자본재를 이용하여 생산한 소비재를 미국 등으로 수출하는 대외지향형 경제구조를 갖게 된다. 1960년대 한국은 주로 미국으로 섬유류, 합판, 가방, 신발 등의 공산품을 수출했다.

엘살바도르 대통령 부인의 가발공장 시찰(©국가기록원)

4) 이종윤·김현성, 『전환기의 한일 경제』(이채, 2007). p.77.

이 시기 한국의 생산 현장에서는 주로 단순 가공기술이 사용되었지만 1970년대 이후 중화학공업화 시기가 되면 고도의 조립가공기술이 활용되게 된다. 오늘날 한국 경제성장의 상징으로 자리 잡은 반도체산업은 우리 경제가 갖는 조립가공형 산업구조의 특성을 잘 보여준다.

국내 최초의 반도체 기업은 1965년 미국의 중소기업인 '고미'가 간단한 트랜지스터를 조립생산하기 위해 설립한 합작기업이었다. 본격적인 반도체 생산은 1966년 미국 반도체 제조사 페어차일드가 투자하면서 시작됐고, 이후 모토로라, 시그네틱스, AMI, 도시바 등이 잇따라 투자 대열에 합류했다. 이 시기 생산방식은 우리나라의 값싸고 우수한 노동력을 겨냥한 단순 제품조립 수준에 머물러 있었고 완제품은 전량 투자기업으로 수출됐다.

아남 반도체 생산라인(©영상역사관)

1970년에는 국내 자본으로 금성사와 아남산업이 반도체 조립을 처음으로 시작했다. 하지만 한국 반도체산업의 본격적인 발전은 삼성이 뛰어든 1983년부터 시작되었다. 삼성은 사업진출 10개월 만에 미국, 일본에 이어 세계 세 번째로 64K DRAM 개발에 성공하였고, 1990년대에는 삼성에 이어 금성과 현대가 세계 주요 DRAM 기업으로 성장하며 우리나라가 세계 DRAM 시장 점유율 1위를 달성하게 되었다.

그런데 여기서 주목해야 할 부분은 우리나라의 반도체 생산과 수출이 늘어날수록 고가의 제조 장비 수입 또한 늘었다는 점이다. 그 수입국은 주로 일본이었다.

최근 통계를 보면, 2020년 1월부터 7월까지 일본에서 수입된 '반도체 디바이스나 전자 집적회로 제조용 기계'(HSK 코드 848620)는 17억 3,554만 달러(약 2조611억 원)로 2019년 같은 기간과 비교해 77.2% 증가했다. 마찬가지로 반도체 제조에 필요한 '프로세서와 컨트롤러'(854231)는 11억 4,634만 달러(약 1조 3,614억 원)로 같은 기간 8.6% 증가했다.

일본과의 무역마찰이 한창이던 2020년 문재인 정부는 반도체 등 첨단 소재·부품·장비 분야에서 대일의존도를 낮추기 위한 정책을 적극적으로 펼쳤다. 반도체 제조 장비도 대일의존도를 낮춰야 한다는 목소리가 나왔지만, 기업들은 선뜻 장비 공급처를 바꾸지 못하고 있는 것이 현실이다. 기술력이 검증된 업체의 장비를 바꿀 경우에 감당해야 할 리스크가 크기 때문이다.

반도체는 품질에 민감해 기술력이 검증된 기존 업체가 아닌 다른 업체로 바꾼다면 일정 수준 이상의 수율이 나오기까지 길면 2~3년이 걸릴 수도 있다. 수율은 생산품 중 결함이 없는 합격품의 비율이다. 높은 수율은 생산원가에도 상당한 영향을 주기에 기업들은 수율을 중요하게 여긴다.

기업으로서는 장비가 수율에 미치는 영향이 큰 만큼 검증된 기술력을 지닌 업체와 거래를 하려고 할 수밖에 없다. 이에 따라 반도체 장비는 각 제조 공정마다 기술력을 인정받은 기업들이 공급을 장악하고 있다. 일본 업체의 경우 노광 장비는 니콘이나 캐논, 증착 장비는 도쿄 일렉트론이 유명하다.

☑ 한국은 일본에 종속된 가마우지 경제인가?

가마우지는 우리나라와 중국, 일본 등지에 서식하는 바닷새다. 가마우지를 이용해 물고기를 잡는 것은 수백 년 전부터 이어져 내려왔는데 가마우지의 목을 끈으로 묶어두었다가 먹이를 잡으면 끈을 당겨 목에 걸린 물고기를 가로채는 낚시법이다.

가마우지로 낚시를 하는 어부

이를 인용해 오늘날의 한국경제를 '가마우지 경제'라고 비하하는 논조가 있다. 핵심 소재와 부품, 장비를 일본에서 수입해 제품을 만들어 다른 나라에 수출하는 우리나라 산업경제의 구조적 특성상, 수출하면 할수록 정작 이득은 일본에 돌아간다는 뜻이다.

가마우지 경제란 말은 1988년 일본 경제평론가 고무로 나오키(小室直樹)가 『한국의 붕괴』라는 책에서 처음 언급했는데, 그는 당시 한국의 성장이 곧 한계에 이를 것이라고 예언했다.

고무로 나오키의 저서 『한국의 붕괴』 표지

그런데 최근의 한일 경제마찰 국면에서 우리의 청와대에서 이 말이 다시 나왔다. 외교·안보와 통상 측면에서 대통령을 보좌하는 청와대 국가안보실 김현종 제2차장이 그 발언의 당사자다. 그는 한일 갈등이 통상마찰로 치닫던 2019년 8월, "이번 위기를 일본에 대한 '가마우지 경제 체제'의 고리를 끊는 기회로 삼을 것"이라고 밝혔다.

그렇다면 과연 한국경제는 일본경제에 종속된 가마우지 경제인가? 우리가 올린 이익의 대부분을 일본에 가져다주고 있는가? 삼성이나 현대 등 대기업들이 수출을 통해 올린 수익 대부분이 자본재를 공급하는 일본기업들로 빨려 들어가고 있는가?

결론부터 말하면, 아니다.

우선 가마우지 경제란 말이 성립하려면 일본이 한국을 조종하며 이익을 착취해 가야 하는데, 결코 그렇지가 않다. 앞서 보았듯이 우리 경제는 일본으로부터 수입하는 것보다 훨씬 많이 중국과 미국에 수출하고 있다. 일본에 대한 무역역조는 우리의 자본재산업 발달 및 대일 수출 증가를 통해 해결할 문제이지, 그 자체로 우리가 이익을 착취당하는 것은 아니다. 만약 그렇게 잘못 해석한다면 한국에 대해 상당한 무역적자를 기록하는 중국이나 미국도 한국에 대해 '가마우지 경제'라고 주장해야 하지 않겠는가?

또한 우리가 일본 자본재를 많이 수입한 것은 일본이 강제한 것이 아니라 우리의 선택이었다. 이를 두고 1960년대 우리가 공업화를 시작할 때 '자본재부터 육성했다면 좋지 않았겠나?' 하는 지적이 있을 수 있다. 즉 한국도 일본의 원세트형 산업구조를 지향했다면 오늘날과 같은 자본재 의존은 없지 않았겠는가 하는 말이다.

그러나 그 시대의 경제적 상황을 고려한다면, 우리가 일본과 같이 자본재부터 시작하는 원세트형 산업구조를 지향하는 것은 현명하지도 않았고 성공 가능성도 극히 낮았다고 판단된다.

일본의 경우에서 보았듯이 일본의 원세트형 산업구조는 적어도 메이지유신 이후의 역사를 지니며 상당한 규모의 내수(전전에는 식민지경제권, 전후에는 일본의 1억 명 인구)에 의존하며 구축된 것이다. 즉 공업화의 역사가 짧고 내수가 매우 취약했던 1960년대의 한국은 기존의 일본과 주어진 여건이 너무 달랐다.

또한 부품이나 소재, 기계와 같은 자본재산업의 경우, 장기간에 걸친 숙련과 노하우의 축적이 매우 중요하다. 이 때문에 오늘날 자본재산업은 독일이나 일본과 같이 해당 분야의 기술 축적이 상당 기간 진행된 나라가 높은 경쟁력을 유지하고 있다. 따라서 만약 한국이 공업화 초기부터 자본재 육성에 집중했더라도 이 국가들과의 기술이나 경쟁력 격차를 좁히기는 쉽지 않았을 것이다.

더 나아가 만약 1960년대 당시 우리 정부가 자본재 국산화에 박차를 가하고 그 자본재를 구입할 것을 삼성·현대와 같은 대기업에 종용했다면, 수출주도형 전략을 통한 고도성장은 불가능했을 것이다. 왜냐하면 삼성과 현대는 양질의 일본 자본재를 활용했기 때문에 높은 품질의 반도체와 자동차를 생산할 수 있었고, 그것이 미국 등의 글로벌 시장에서 통했던 것이다.

현대의 그레이스는 일본 미쓰비시의 델리카(Delica) 모델을 변형하여 국내에 출시하게 된다.(ⓒ키즈현대)

오늘날에도 한국경제를 가마우지에 비유한다면, 삼성전자와 현대자동차가 일본기업에 종속돼 있다고 말하는 것과 같다. 과연 그러한가? 오히려 삼성전자는 2000년대 이후 소니, 파나소닉, 도시바, 히타치 등 일본을 대표하던 글로벌 전자업체들의 순이익을 모두 합친 것보다도 더 많은 이익을 내며 일본 업체들을 압도했다. 삼성전자가 일본 업체로부터 고가의 반도체 제조 장비를 구입하는 것은 현실적인 국제분업 차원의 문제이지, 이를 가마우지와 같은 종속 개념으로 보는 것은 제대로 된 진단이 아니다.

현대자동차는 미쓰비시 자동차로부터 기술과 부품을 수입해서 자동차 조립가공을 시작했다. 그러나 오늘날 현대자동차는 미쓰비시를 포함한 웬만한 일본 자동차회사들을 앞서며, 세계 5위의 글로벌 자동차회사로 성장했다. 2019년 일본의 수출규제가 시작되자 현대자동차는 일본으로부터 전자부품 등의 수입을 크게 늘렸다. 반도체·디스플레이 소재 분야부터 시작된 일본의 수출규제가 자동차 부품으로 확대될 가능성에 대비한 것이었다. 이를 두고 '현대자동차가 가마우지 경제의 대표격'이라고 비난한다면, 과연 정상적으로 볼 수 있을까?

1980년대 말 버블경제에 취해 일본 극우 성향의 평론가가 한국을 깔보며 표현한 '가마우지 경제'라는 말을 오늘날 한국의 '심장부' 청와대에서 그대로 인용한 것은 적절치 않았다. 그 말이 틀렸다는 것은 그 평론가의 말처럼 1990년대 이후 한국이 붕괴하기는커녕, 오히려 일본 버블경제의 거품이 빠지며 양국 격차가 크게 줄어든 것이 증명한다. 더 나아가 이 시기 국가경쟁력과 같은 질적 측면에서는 오히려 한국이 일본을 앞선 점을 감안한다면, 우리가 스스로 비하하는 이러한 용어를 사용할 하등의 이유가 없다.

일본 정부의 일방적인 경제보복에 대해 청와대 입장에서 강하게 되받아치려 했던 것은 이해할 수 있다. 하지만 시대 논리에 맞지 않고 스스로를 비하하는 모양새만 자초하는 이러한 용어를 사용하지 말고, 청와대는 다음과 같이 말하는 것이 현명하지 않았을까?

"과거 가마우지라고 한국을 비아냥거리던 일본이 역사 문제를 경제 영역으로 비화시키는 것은 매우 잘못된 일이다. 과거나 지금이나 한국은 일본에 대한 가마우지 경제가 아니다. 아베 정부가 경제 논리에 입각한 한일 양국의 분업구조를 악용하여 공격해 온다면 한국은 이에 맞서 당당히 싸울 것이다."

제2장

현재의
한일 경제와 갈등

일본의 실패와
한국의 정체

☑ '잃어버린 30년'에서
   벗어나지 못하는 일본

버블의 절정기였던 1989년의 일본경제를 보면, 주가 상승을 통해 194조 엔, 부동산 가격 상승을 통해 294조 엔의 부(富)가 생겨났다. 이러한 자산가치 상승은 당시 일본 GDP의 121%에 해당하는 천문학적 수준이었다. 하지만 이러한 자산가치 상승 직후 버블 붕괴가 시작되자 1990년에 307조 엔어치 주식 가치가 사라졌고, 1991년에는 184조 엔어치 부동산 가치가 증발했다. 1992년에는 주식 141조 엔 부동산 216조 엔에 해당하는 자산가치가 사라졌다.

이렇게 자산시장에서 시작된 버블 형성과 그 붕괴는 당연히 일본경제 전반에 커다란 영향을 미쳤다. 부동산과 주식에 투자한 기업들은 물론, 이들에게 자금을 대출해준 은행들은 엄청난 부실채권을 떠안게 되었다. BIS(국제결제은행) 기준 자기자본비율을 맞추지 못하는 은행들이 속출하며 은행 도산도 현실화되었다. 어려워진 금융권이 대출을 엄격히 규제하자, 대출을 통한 간접금융에 의존하던 수많은 일본기업들은 직격탄을 맞게 된다.

▼ 일본 닛케이 주가와 부동산 가격 추이

(단위: 엔)

지가

2000년을 100으로 봤을 때 전국 지가 평균

닛케이주가

〈참고자료 : 블룸버그, 일본부동산연구소〉

일본의 10년 불황을 20년 장기불황으로 몰아가는 결정적 요인으로 작용한 것이 디플레이션 스파이럴(deflation spiral)이다. 즉 은행의 부실채권 증가로 금융위기, 기업도산이 발생하고 일반 국민들은 장래가 불투명한 가운데 소비를 줄이며, 이에 따라 물가가 하락하고, 다시금 기업수익이 악화되면서 고용불안이 생겨 더욱 소비를 줄이는 악순환이 반복된 것이다.

필자는 1992년에서 1999년까지 일본에서 유학 생활을 했고, 이후 2004년까지는 교수를 하며 일본이 '잃어버린 10년'에서 '잃어버린 20년'으로 넘어가는 상황을 목도했다. 그 당시 인상 깊었던 일본 총리가 두 명 있다. 한 명은 '잃어버린 10년'의 막바지에 활약했던 하시모토

류타로(橋本龍太郞)이고 또 한 명은 '잃어버린 20년'으로 들어가는 시기에 5년간 집권했던 고이즈미 준이치로(小泉純一郞)다.

이 두 총리 모두 국민에게 인기가 높았는데, 둘 다 '구조개혁'을 적극적으로 추진했다는 점이 공통적이다. 1990년대 후반 집권한 하시모토 총리는 금융, 재정, 경제, 행정, 사회보장, 교육 등 6대 개혁을 당면과제로 삼고 일본의 사회·경제·정치·행정 구조의 전면적 개편을 시도했다.

특히 그는 일본판 금융 빅뱅(big bang)이라 불리던 금융개혁에 적극적이었다. 하지만 지지부진한 부실채권 처리 문제와 소비세 인상으로 인한 경기 감퇴 탓으로 결국 하시모토의 금융개혁은 성공을 거두지 못했다.

반면 2001년 4월 총리가 된 고이즈미는 달랐다. '성역 없는 개혁'이라는 슬로건을 내걸고 출범한 고이즈미 내각의 초기 지지율은 81%였다. 아직도 깨지지 않는 기록이다. 부실채권 처리, 재정 건전화, 공기업 민영화로 대표되는 그의 개혁 정책에 대한 기대 덕분이었다. 고이즈미의 최대 업적은 부실채권 처리였다. 10년 넘게 일본경제의 발목을 잡았던 이 문제에 대해 집권 초기부터 대규모 공적자금을 투입하며 해결에 나선 것이다. 그 결과 2001년 8.4%였던 주요 은행 부실채권 비율을 2004년 2.9%까지 끌어내렸다.

당시까지 일본 장기불황의 근본 원인은 금융 부문이었기 때문에 부실채권 문제가 처리되면 경기가 회복될 것이라는 믿음이 있었다.

실제 고이즈미 정부가 이어진 2006년까지는 경기가 회복되어 '이제 불황도 끝'이라는 기대감이 만연했다.

그러나 2007년부터 경기가 다시 고꾸라졌다. 이로 인해 일본경제는 단순히 금융 부문의 부실만이 아니라 총체적인 문제를 안고 있다는 인식이 확산되었다.

이렇게 '잃어버린 20년'을 지나며 2012년 아베 신조(安倍晉三)가 재집권에 성공했다. 이후 전후 최장기 집권기록을 세우며 아베는 아베노믹스(Abe-nomics)를 통해 일본경제 재건에 나섰다. 아베노믹스를 한마디로 표현하면 중앙은행의 양적완화와 대대적인 재정 확대를 통해 돈을 풀겠다는 것이었다. 이를 통해 디플레이션의 고리를 끊고 일본경제를 성장궤도로 환원시키겠다는 것이었다.

제로금리를 유지하면서 단행된 유동성 증가는 당연한 귀결로서 자산시장을 자극했다. 2012년 8천 대 초반까지 떨어졌던 닛케이 주가(日經平均)는 2015년 말 2만 선을 돌파했으며, 도쿄 등 대도시와 상업지를 중심으로 부동산가격도 상승했다. 기업 생산과 수출, 주가 등락과 환율 등 핵심 경제지표를 종합한 경기동향지수를 보더라도, 1985년 조사를 시작한 이래 2017년 12월 33년 만에 최고치를 기록했다. 2018년 3월 결산을 발표한 상장기업 열에 일곱(69%)이 순이익이 늘었다고 발표할 정도로 일본경제는 회생한 듯 보였다.

그러나 문제는 소비가 살아나지 않는다는 점이었다. 아베 정부가 엄청난 돈을 푼 효과로 주식, 부동산 등 자산 가격이 상승하고 기업의 실적이 호전되었지만, 그것이 소비로 연결되지 못했다. 다시 말해 일본경제에서 소비와 투자의 선순환 구조가 살아나지 못한 것이다.

소비가 살아나지 못한 것은 가계 소득이 제자리걸음을 한 것에 기인한다. 기업 실적이 30% 증가할 동안 임금상승은 1% 증가에 그쳤다. 당연히 저조한 소비로 연결될 수밖에 없었고, 이는 일본경제가 여전히 0~1% 대의 저성장 구조에서 벗어나지 못하는 굴레가 되었다. 아베에서 스가로 총리는 바뀌었지만, 일본은 '잃어버린 20'년을 넘어 '잃어버린 30년'을 맞이했다는 자조 섞인 말이 일본 국내에서 나오고 있다.

☑ 기술의 '갈라파고스'화와 일본적 경제시스템의 추락

1990년대 '잃어버린 10년'의 시작과 함께 일본이 자랑하던 제조업의 경쟁력 또한 급격히 추락했다. 특히 세계의 전자시장을 지배하던 일본 전자기기 제품들의 경쟁력이 급감함에 따라 세계시장 점유율도 곤두박질쳤다. 전문가들은 그 원인을 처음에는 버블 붕괴의 후유증에서 찾았으나, 이로서는 명쾌한 설명이 되지 않았다. 또 다른 전문가들은 일본의 대기업과 계열·하청 중소기업의 기업 간 관계 또는 자기 완결적인 원세트형 산업구조의 한계에서 그 원인을 찾으려 했으나, 이 또한 설명이 부족했다. 그래서 결국 도달한 것이 일본의 기술체계가 세계 표준에서 동떨어져 있었다는 '갈라파고스'화 현상에 대한 주목이다.

▼ 주요 전자기기 제품에서의 일본 세계시장 점유율 추이

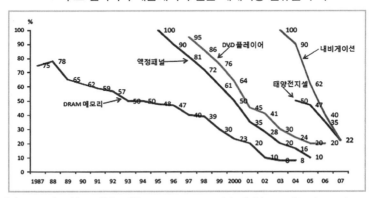

〈자료 : 小川紘一, 「プロダクト·イノベーションからビジネスモデル·イノベーションへ - 日本型イノベーションシステムの再構築に向けて(1)」(IAM Discussion Paper Series, No. 1, 2008)〉

갈라파고스는 다윈이 진화론을 쓰게 된 결정적 계기가 된 남태평양의 조그만 섬이다. 대륙과 멀리 떨어져 코끼리거북과 같은 생물 종들이 독자적으로 진화한 여러 증거를 보여준 섬이다. 이렇게 갈라파고스가 육지로부터 고립되어 진화의 방향이 달라진 결과 고유한 생태계를 이루고 있는 것에 비유해, 경제·사회적으로 세계적 표준과 동떨어져 독자적인 행보를 걷는 현상을 갈라파고스화라고 일컫는다.

1997년에서 2003년 사이
일본 IT 기술의 갈라파고스화를 보여주는 휴대폰 시리즈

2007년 나쓰노 다케시(夏野剛) 게이오대 교수는 일본경제가 '갈라파고스 신드롬'을 겪고 있다고 지적했다. 일본 정보통신(IT) 기업들이 세계 최고의 기술을 갖고도 외부 변화에 적응하지 못해 세계화

에 실패한다는 것이다. 일본의 IT산업 부진의 이유는 국제적인 표준을 무시하고 일본 내수시장에만 통용될 제품에 집중한 것이었다.

SMS/MMS와 같은 문자서비스 대신 폰메일 기능을 고집했던 일본 휴대폰 업계, 휴대폰 인터넷망 i-mode를 개발하는 등, 혁신을 이루었으나 해외 시장의 변화에 적응하지 못해 도태된 사례, 서로의 발전 노하우를 공유하지 않는 등 폐쇄적으로 운영되었던 일본 비디오 게임회사들의 몰락 등 수 많은 사례들이 일본기술의 갈라파고스화를 입증한다. 이러한 현상은 일본이란 나라가 1980년대까지의 경제적 성공에 도취되어 얼마나 글로벌시장의 변화에 둔감했는가를 보여주고 있다.

그런데 일본의 문제는 단순히 기술적 측면에만 있는 것은 아니었다. 갈라파고스화가 기술을 넘어 시스템 전반에 나타난 것이다. 그동안 일본 국내외에서 높게 칭송받았던 기업 지배구조, 기업 관계, 고용시스템 등의 일본적 경제시스템이 1990년대 이후 장기불황을 겪으면서 추락의 길로 접어든 것이다.

20세기 후반 전자 대국 일본을 이끌던 주역들은 소니, 파나소닉, 히타치, 도시바, NEC 등이었으며, 이들 대기업은 일본적 경제시스템의 핵심 요소들을 두루 갖추고 있었다. 이들은 부품이나 중간재, 소재 등을 공급하는 기업들을 계열로 거느리며, 그 안에서 피라밋 형태의 수직적 거래를 시행했다. 그리고 연공서열이나 종신고용과 같은 일본적 고용시스템을 신봉했다. 또한 이들은 은행으로부터의 차입경영을 선호했으며, 가전부터 시작해 수많은 업종으로 다각화를 시도했고, 국내시장에서 성공한 후 세계시장으로 진출하는 전략을 취했다.

반면『교토식 경영(京樣式經營)』(2002)으로 우리나라에도 알려진 스에마쓰 지히로(末松千尋) 교수의 지적은 매우 흥미롭다.

▼ 교토식 기업 : 10년간 매출액의 추이 비교

㈜ 각 기업의 1991년도 매출액을 100으로 하여 평균을 취한 값
• 교토식 기업 10개사: 교세라, 롬, 일본전산, 무라타제작소, 호리바제작소, 옴론, 도세(1993년 이후), 니치콘, 니혼전지, 삼코인터내셔널연구소(1995년 이후)
• 세트메이커 7개사: 히타치, 도시바, 미쓰비시, NEC, 후지쯔, 마쓰시타, 소니

1990년대 이후 이 대기업들이 추락하는 가운데 천년고도인 교토를 중심으로 세계적인 경쟁력을 갖춘 혁신기업들이 등장했다.

소(小)신호 반도체 세계 1위인 롬 반도체, HDD 모터 세계 1위인

일본전산, 세라믹 콘덴서 세계 1위인 무라타제작소, 세계 엔진계측기 시장의 80%를 점유한 호리바제작소, 세계적인 세라믹·전자부품업체인 교세라 등이 그들이다. 이 기업들은 매출액이나 영업이익 등에 있어서 히타치나 도시바, 소니 등 기존 대기업들을 적게는 2배 많게는 3배 이상 앞지르며 급성장했다.

▼ 교토식 기업 : 10년간 영업이익의 추이

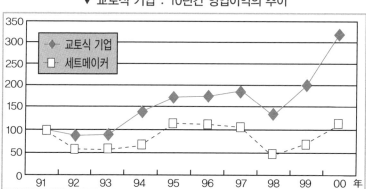

이 혁신기업들의 공통점은 기존의 일본적 경제시스템을 거부한다는 사실이다. 즉 이들은 수직적 계열을 부정하며 국내외 어느 기업들과도 수평적으로 거래했고, 연공서열이나 종신고용 대신에 성과주의에 입각한 유연한 고용시스템을 채택했다. 또한 은행으로부터의 차입 대신에 주식상장을 통해 자본을 확보했으며, 자사가 가장 잘할 분야에 특화해서 세계시장을 먼저 공략했다.

그런데 혁신기업들이 채택한 요소들, 즉 특화전략을 통한 외부기업들과의 열린(open) 거래, 성과주의에 입각한 연봉제, 주식 중심의 직접금융, 내수보다는 세계시장 공략 등은 미국을 비롯한 수많은 글로벌 기업들이 채택하고 있는 '표준'이다. 또한 일본보다도 빨리 우리나라 기업들이 도입한 방식이기도 하다.

교토 혁신기업들의 성공 사례는 개방형 혁신(open innovation)과 기업 간 협업 효과(network effect)로 상징되는 글로벌 스탠더드가 고유 방식을 고집해 온 일본에서도 통용될 수 있음을 보여준다.

한편 극심한 경영난에 시달리던 소니, 파나소닉 등의 대기업들도 최근 기존 방식을 일신하며 글로벌 스탠더드로 다가서고 있다. 소니는 계열 중심의 문어발식 사업을 과감하게 정리하고 게임, 영상, 애니메이션 등으로 기술개발·사업 역량을 집중하고 있고, 파나소닉은 기존의 B2C(일반 소비자시장) 대신에 B2B(기업시장)를 새로운 지향점으로 제시하며 일본 국내외 많은 기업들과 수평적인 분업체제를 강화하고 있다.

☑ 잠재성장률 1%대를
   향하는 한국경제

잠재성장률은 보유한 자원과 생산성 여건에서 물가상승을 유발하지 않고 달성할 수 있는 최대한의 성장률 수준을 말한다. 국내외 전문가들은 몇 년 후 한국의 잠재성장률이 1%대로 떨어질 것으로 예견하고 있다. 2018년 2월, IMF는 한국경제의 잠재성장률이 2020년대 2%대 초반으로 하락하고, 2030년대에는 1%대로 추락할 것으로 내다봤다.

잠재성장률의 추정은 국내총생산(GDP)을 노동, 자본, 총요소생산성 등 생산요소의 기여분으로 분해하는 생산함수법을 이용한다. 현대경제연구원의 분석에 의하면,5) 과거 한국의 잠재성장률은 1990년대 초 7%대였지만 외환위기 이후 5.6%, 글로벌 금융위기 이후 3.2%로 빠르게 하락했다. 향후 노동 투입의 GDP 증가율에 대한 마이너스 기여도 폭이 확대되고 자본 투입의 기여도 역시 낮아지면서 국내 잠재성장률은 2021~2025년에는 2%대 초반, 이후에는 1%대로 하락할 것으로 추정했다.

현대경제연구원은 5년, IMF는 10년 후를 예상했지만, 2020년부터 한국을 비롯해 전 세계를 덮친 코로나-19 사태로 인한 경기 침체를 감안하면, 1%대 잠재성장률은 우리에게 더욱 빨리 다가올 것으로 보인다.

---

5) 홍준표·민지원, 「잠재성장률 하락의 원인과 제고 방안」(현대경제연구원, 2019)

그렇다면 1990년대 전반 7%대였던 잠재성장률이 30년 만에 1% 대로 추락한 원인은 무엇일까? 그 원인을 알려면 잠재성장률 추정 시 이용되는 노동, 자본, 총요소생산성 투입의 변화에 대해 살펴보아야 한다.

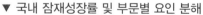

▼ 국내 잠재성장률 및 부문별 요인 분해

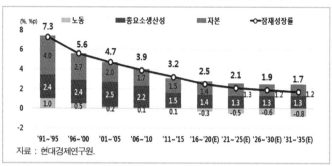

위의 그림에서 알 수 있듯이, 최근 노동 투입은 이미 마이너스의 기여도를 보이고 있다. 이는 생산가능인구의 감소 및 고령화의 빠른 진행 등으로 노동 투입력이 크게 약화되었기 때문이다. 반면 가장 급격한 변화는 자본 투입의 기여도에서 나타난다. 이 기여도는 전체의 절반 이상을 차지했었지만 급감해서 현재는 총요소생산성의 기여도와 비슷한 수준이다. 이는 경제가 성숙해지고 대내외 경제 충격을 겪으면서 나타나는 투자 부진 및 자본 축적 저하가 그 원인으로 지목된다. 점점 국내에 투자할 대상을 찾기가 어려워지고 있다는 얘기다.

그런데 여기서 특히 주목해야 할 것은 총요소생산성의 변화다. 노동과 자본의 투입을 통한 성장은 양적 성장임에 반해, 생산성 향상이나 기술 진보 등에 기인하는 총요소생산성의 향상은 질적 성장에 해당한다. 일반적으로 개발도상국들이 고도성장을 이어갈 수 있는 것은 노동이나 자본 등의 양적 투입이 왕성하기 때문이다. 그러나 인구증가 속도가 줄고 인건비가 오르며 국내외로부터의 자본 유입이 줄어들면서 이러한 양적 성장은 언젠가 벽에 부딪히게 마련이다. 따라서 경제성장이 어느 단계에 이르게 되면 총요소생산성 향상을 통한 질적 성장이 그만큼 중요해진다.

그런데 최근 우리나라가 보여주는 1%대 초반의 총요소생산성 기여도는 영국, 프랑스, 미국, 일본 등이 보이는 그것과 유사한 수준이다. 1인당 GDP 3만 달러를 넘으며 최근에서야 선진국에 진입한 우리나라가 주로 총요소생산성 향상에 의존하며 1~2% 경제성장을 이어가는 성숙한 선진국들의 수준으로 가버린 것이다. 우리가 심각하게 받아들이지 않으면 안 되는 사실이다.

경제는 노동과 자본 투입을 늘리거나 생산성이 높아질 때 성장한다. 그런데 한국의 경제발전 단계가 선진국 수준으로 올라선 상황에서 앞으로 노동과 자본 투입을 지속적으로 증가시켜 성장을 이어가기는 어렵다. 따라서 우리 경제의 지속 성장을 위해서는 총요소생산성 주도의 성장전략을 구축해야 한다. 하지만 지금의 우리나라 상황을 보면 그러한 노력이 보이지 않는다.

☑ 성장 잠재력 향상을 위한 '구조개혁'과 '혁신성장'이 필수

잠재성장률은 불변이 아니다. 성장 잠재력을 높일 정책들을 강력하게 추진하면 잠재성장률도 반등한다. '잃어버린 30년' 동안 일본의 잠재성장률은 두 번 반등한 경험이 있다. 1980년대 말 4%대였던 일본의 잠재성장률은 10년 만에 0%대로 추락했지만, 2000년대 전반 고이즈미 정부에서 1%대로 회복했다. 또 한 번은 2010년대 전반 이후 아베 총리 시절 마찬가지로 0%대에서 1%대로 반등했다. 그러나 2010년대 후반으로 오면서 일본의 잠재성장률은 다시 하강곡선을 그리며 2019년 2~3분기 0.13%, 2019년 4분기~2020년 1분기 0.08%, 2020년 2~3분기 −0.01% 등을 기록하고 있다.

앞에서도 보았지만, 고이즈미나 아베 총리의 공통점은 일본경제나 사회의 근본 문제를 극복하려고 강력한 대책을 추진했다는 점이다. 고이즈미는 "구조개혁 없이 경제회복 없다."라는 말을 반복하며 금융과 재정, 노동, 공공부문 개혁을 주도했다. 반면 아베는 고이즈미의 구조개혁을 이어받겠다고 선언하며 강력한 금융·재정 확대 및 규제개혁을 밀어붙였다.

그러나 고이즈미나 아베 정부에서 일시적으로 경기는 회복되었지만, 그것이 안정적으로 유지되지는 못했다. 그 원인은 적극적인 통화·재정정책을 통해 초기에는 경제가 좋아지는 듯 보였지만, 지속적인 구조개혁이 시행되지 못해 일본경제의 근본 문제들을 해결하지 못했기 때문이라고 말할 수 있다.

한국의 경우도 마찬가지다. 추락한 성장 잠재력을 끌어올리기 위해서는 경제 및 사회 전반에 걸친 구조개혁 외에 방법이 없다. 현재 한국경제의 생산성은 미국의 60% 수준에 있는 등 OECD 국가 중 하위권에 머무르고 있다. 생산성을 높이려면 노동시장의 경직성을 낮추고, 혁신 투자를 늘리기 위한 규제개혁과 창의적 인재를 기르기 위한 교육개혁이 절실하다. 결국 한국은 경제와 사회 전반에 걸친 철저한 구조개혁과 생산성 향상을 통한 혁신성장을 추구해야 성장 잠재력을 올릴 수 있다.

문재인 정부는 집권 초기 '소득주도성장'을 내세워 성장률 반등을 시도했다. 소득주도성장 노선의 골자는 임금을 중심으로 가계 소득이 늘어나면 가계의 소비가 증대되고, 이는 기업의 투자 확대로 이어져 경제성장의 선순환 고리를 만들 수 있다는 것이었다. 그러나 그 이후의 잠재성장률 하락이 말하듯이, 이 성장정책은 성공하지 못했다. 그러자 새로운 정책으로서 혁신성장을 들고나왔다. 하지만 이 또한 성공적이라는 평가를 받지 못하고 있다. 오히려 시간이 흐르면서 혁신성장이라는 말 자체도 들리지 않게 되었다.

구조개혁과 혁신성장은 맞물려 있다. 즉 성장이 정체된 상황에서는 구조개혁이 성공적으로 이루어져야 그 토대 위에서 혁신성장이 가능해진다. 그렇다면 문재인 정부에서 혁신성장이 성공적이지 못한 것은 구조개혁이 제대로 추진되지 못했기 때문으로 보아야 할 것이다. 즉 노동시장의 유연성 확보, 혁신 투자를 가로막는 규제 철폐, 창의성 교육 강화를 위한 교육개혁 등이 제대로 추진되지 못한 것이다. 이 상황에서 생산성 향상과 기술혁신을 통한 성장 잠재력 회복을 기대한다는 것은 애초 불가능했던 것임을 알 수 있다.

이대로 가다가는 한국이 장기불황에서 벗어나지 못하는 일본의 전철을 밟을 것이라는 경고가 많다. 일본이 '잃어버린 30년'에서 벗어나지 못하는 것은 구조개혁에 실패했기 때문이다. '잃어버린 30년' 동안 일본은 고이즈미와 아베 정권 기간에 두 번의 기회가 있었지만, 구조개혁에 실패하며 다시 주저앉았다. 일본을 교훈 삼아 한국은 우선적으로 철저한 구조개혁에 착수해야 한다.

한일 경제마찰과
안보갈등의 진행

☑ 역사 문제에서 비롯된
일본의 경제보복

2018년 10월 한국 대법원은 일제의 강제징용 피해자에게 일본기업이 배상해야 한다는 판결을 내렸다. 판결의 핵심은 1965년 한일 정부가 협정을 맺었더라도 일본의 불법행위에 대한 피해자 개인의 배상 청구권이 살아있다는 것이었다. 그 협정을 통해 민간인 피해자들의 배상 청구권까지 소멸되었다고 주장해 온 일본 정부는 즉각 반발했다.

2019년 5월 일본 정부는 청구권 협정에 따라 제3국을 통한 중재위원회 구성을 요구했으나, 한국 정부가 거절했다. 이에 7월 일본 경제산업성은 반도체 생산에 필수적인 품목의 한국 수출규제를 강화하는 조치를 시행한다고 발표했다.

이에 따라 반도체와 유기발광다이오드(OLED) 패널 제조 과정에 필수적인 화학물질인 포토레지스트(PR)와 고순도 불화수소(에칭가스), 플루오린 폴리이미드(FPI) 등 3개 품목의 한국 수출이 '포괄수출허가'에서 '개별수출허가'로 변경됐다. 일본 정부는 해당 조치에 대해 한국과의 신뢰 관계가 현저하게 손상되었다면서, 우리 정부가 강제징용 피해자 문제에 대해 해결책을 제시하지 않았다는 점을 문제 삼았다.

8월에는 일본 정부가 수출 절차 간소화 혜택을 인정하는 화이트리스트(백색국가)에서 한국을 제외하는 내용의 「수출무역관리령」 개정안을 의결했다. 화이트리스트는 일본 정부가 안보상 문제가 없다고 판단한 '안보 우방 국가'로 일본의 제품 수출 시 허가 절차 등에서 우대를 해주는 국가를 말한다. 그러나 화이트리스트에서 제외되면 전략물자 중 공작기계나 집적회로, 통신장비 등 857개의 비(非)민감 품목에 대해 '일반포괄허가'보다 훨씬 까다로운 '특별일반포괄허가'나 '개별허가'를 받아야 한다.

일본제품 불매운동 로고

한국은 일본의 부당한 수출규제 조치를 세계무역기구(WTO)에 제소했고, 9월에는 일본을 화이트리스트에서 배제하는 조치로 대응했다. 동시에 한국에서는 "노노재팬"으로 상징되는 일본 불매운동이 전국적으로 확산되었다. 일본제품을 구입하지 않겠다는 움직임은 일본 여행을 자제하자는 운동으로까지 번졌다. 강제징용이라는 역사 문제에서 시작된 한일 갈등은 급기야 상대국의 경제에 타격을 가하려는 경제마찰로 비화된 것이다.

그리고 한국 대법원의 판결에 따라 2020년 8월부터 일본제철, 미쓰비시중공업 등 징용기업의 한국 내 자산을 현금화할 수 있게 되었다. 그러나 일본 정부는 그것이 현실화될 경우 한일 관계는 파탄을 맞을 것이라고 경고하고 있다.

2021년 1월에는 한국 법원이 일본군 위안부 피해자에 대해 일본 정부가 1억 원씩을 배상하라는 판결을 내렸다. 이번 판결은 강제징용과는 달리 일본 정부를 상대로 한 판결이라는 점에서 큰 파장이 불가피하며, 일본 정부는 국제법상 다른 국가를 소송 당사자로 삼아 재판할 수 없다는 주권면제론을 들며 강하게 반발했다.

☑️ 일본 경제보복의 또 다른 배경

한일 경제마찰은 강제징용 피해자에 대한 배상이라는 역사 문제에서 비롯되었지만, 그 외에 경제나 외교 등 다른 배경들도 주목해야 한다. 그중 중요한 것이 경제적 배경이다. 앞에서 살펴보았듯이, 1990년대 이후 '잃어버린 30년'을 거치며 일본경제가 추락하는 동안 한국은 꾸준한 성장을 달성함으로써 양국 간의 경제 격차가 급격히 축소되었다.

1965년 한일협정 당시 일본의 10분의 1이었던 한국의 1인당 국민소득은 지난해 10분의 8까지 따라왔고 5~10년 뒤면 일본과 비슷하거나 더 커질 것으로 예상된다. 산업 측면에서도 반도체나 휴대폰, LCD(액정표시장치) 등에 있어서 한국은 일본을 앞섰다는 평가를 받는다.

사실 1980년대까지만 해도 일본에 있어 한국은 안중에도 없었다고 해도 과언이 아니다. 일본이라는 나라와 일본인 입장에서 늘 비교 대상은 미국과 유럽이었다. 한국은 물론 중국도 크게 의식하지 않았다.

메이지유신 시대의 대표적 사상가 후쿠자와 유키치(福澤諭吉)가 말했듯이 일본은 낙후된 아시아를 벗어나 구미 국가들과 어깨를 나란히 한 것(脫亞入歐)이다. 그런데 '잃어버린 30년'을 거치면서 일본인들의 그러한 자존심이 크게 흔들렸다.

한일 사이 경제 격차의 급격한 축소는 일본으로 하여금 한국에 대한 강한 견제심리를 발동시켰다. 같은 시기 일본인들의 자존심이라고 하던 소니나 파나소닉 등의 전자업체가 추락하는 가운데 삼성전자가 이들을 압도하면서 일본인들은 한국을 점차 라이벌로 의식하게 되었다.

그런 와중에 강제징용이라는 역사 문제가 불거지자 일본 정부는 한국경제를 건드렸다. 더욱 정확히 말하면 일본인들의 한국 견제심리를 이용해 아베 정부가 한국을 공격했다. 특히 반도체의 핵심 소재 수출을 규제했다는 것은 일본이 한국 경제성장의 상징인 삼성전자에 타격을 가하려는 의도가 있었다고 볼 수 있다.

일본 경제보복의 또 다른 배경은 동아시아를 바라보는 외교적 관점에서 한국과 일본이 상당한 차이를 보였다는 점이다. 무엇보다 중국의 급부상을 바라보는 시각에서 한일 양국은 상반된 입장을 보이며 대립했다.

1990년대 이후 중국경제의 급부상을 일본은 위협으로 받아들인 데 반해 한국은 기회로 보았다. 특히 일본은 버블경제 붕괴와 함께 찾아온 장기불황 속에서 많은 일본기업들이 중국으로 생산거점을 이전하면서 나타난 '산업 공동화(空洞化)'를 계기로 '중국위협론'을 심각하게 받아들였다. 반면 한국은 중국 현지로의 직접투자와 수출을 늘려가며 중국의 경제대국화를 기회로 여겼다.

일본 입장에서 중국은 과거로부터 동북아 패권을 놓고 경쟁해

온 나라라고 본다. 그리고 인구 대국 중국이 경제적으로도 잠에서 깨어나 일본을 추월하는데, 한국이 거기에 동참한 것으로 보았다. 경제뿐만 아니라 안보 측면에서도 일본이 가장 견제하는 대상은 중국이다.

경제와 함께 한반도 문제 해결 과정에서 보여준 문재인 정부의 친중 노선은 일본의 아베 등 우익 정치가들에게 상당한 위기감과 적대감을 불러일으켰다. 그 과정에서 일본은 미국과의 동맹관계를 더욱 돈독히 할 필요를 느꼈고, 동북아 정세는 마치 '미일 대(對) 한중' 대립 구도가 도래한 듯 보였다.

이번에 일본이 역사 문제를 경제마찰로 비화시키고 한일군사정보보호협정(지소미아) 문제로 미국과 동조하며 한국을 압박한 배경에는 이러한 동북아를 둘러싼 갈등 요인들이 자리 잡고 있었다.

☑ 경제보복을 안보협력 단절로
   되받아친 한국 정부

한미일 안보협력은 민주주의의 가치를 바탕으로 번영과 성장 및 자본주의 시장경제를 공유한다는 역동성의 상징이었다. 지난 반세기 동안 안보 분야는 정치로부터 보호막을 유지하면서 심각한 도전을 받지 않았다. 그러나 2018년 12월 발생한 한국 구축함의 일본 초계기에 대한 레이더 조준 의심 사건은 더 이상 이런 보호막이 작동하지 않을 수 있다는 가능성을 보여줬다.

우리 군 고위 관계자가 일본의 초계기 저공위협비행에 대해 '도발'이란 표현을 최초로 사용했고, 일본 역시 우리의 의도가 매우 고의적이라 판단하면서 양국 관계는 급속도로 냉각되었다. 각국 정부, 특히 양국의 정치지도자나 외무성이 뒷선으로 물러나면서 군이 직접 문제 해결에 나서게 되었다. 지난 반세기 동안 유지된 한미일 사이의 가치에 입각한 협력의 신화가 깨질 수 있는 위기가 찾아온 것이다.[6]

결국 2019년 8월 한국 정부는 일본의 수출규제에 대한 맞불 조치로 지소미아 종료를 선언했다. 우리 정부는 일본의 화이트리스트 배제로 안보 환경에 중대한 변화가 초래돼 지소미아 협정을 지속하는 것이 우리의 국익에 부합하지 않는다고 판단한 것이다.

한일 지소미아는 2016년 11월에 한일 양국이 맺은 첫 군사협정으

---

6) 박철희 엮음·한일비전포럼 지음, 『갈등에 휩싸인 한일 관계』(중앙일보, 2020) p.67.

로 북한의 핵·미사일과 관련한 2급 이하 군사비밀 공유를 위해 지켜야 할 보안원칙을 담고 있다. 지소미아 종료 선언으로 한일 경제 마찰은 안보 영역으로 확산되었다.

▼ 한국 대법원 판결 이후 1년 동안의 한일 관계 악화 과정

2018.10.18	한국대법원이 신일본제철주금에 강제징용 피해자에 대한 배상 판결-일본 정부의 강력한 비판
2018.12.21	한국 해군과 일본 자위대 사이에 레이더 발사 여부와 관련된 분쟁-실무협의 중 아베 정권이 정보 공개 비판
2019.1.29	일본 정부가 한국 정부의 위안부 '화해 및 치유재단' 설립 허가 취소에 항의
2019.2.8	한국정부, 한일협정에 의거한 일본 정부의 강제징용 피해자 문제 협의 요청에 대한 회신 마감 기간 넘겨 무응답
2019.2.8	문희상 국회의장, 위안부 문제 해결에 천황의 사과 필요 발언-일본 외무부 장관 경고 발언
2019.3.12	아소 일본 재무부 장관, 국회 금융위원회에서 한국 보복 구체적 검토 발언. 관세, 송금 정지, 비자 정지 등 언급
2019.3.25	미쓰비시중공업의 특허권 압류
2019.4.12	한국의 일본 수산물 수입 규제에 대한 WTO 분쟁 조정에서 한국 승리
2019.5.20	일본 정부가 중재위원회 설치를 한국에 요청
2019.7.4	일본, 한국에 대해 반도체 관련 소재 등 3품목 수출규제
2019.8.2	일본, 한국을 화이트리스트에서 제외 각의 결정
2019.8.22	한국, 일본에 대해 지소미아 파기 통보

2019.8.28	일본, 한국에 대해 화이트리스트 제외 조치 시행
2019.9.11.	한국, 일본의 수출규제를 WTO에 제소
2019.11.22	지소미아 파기 유보, 일본도 수출규제 문제와 관련한 협의 입장 표명

　2018년 10월 한국 대법원의 강제징용 피해자에 대한 배상 판결 이후 2019년 8월 지소미아 종료 선언까지, 한국과 일본은 수많은 갈등을 겪었다. 과거에도 독도나 역사 문제 등으로 수없이 부딪쳐 온 양국이지만, 표에 정리한 바와 같이 이 1년 동안 증폭된 갈등과 보복을 제어할 수단은 보이지 않았다. 어떻게 보면 아베 수상과 문재인 대통령으로 상징되는 민족주의 색채가 강한 양국 정상이 대화와 타협을 잊은 채 한일 관계를 극단으로 몰아갔다고 말할 수 있다.

☑ 확전은 피했지만
갈등은 진행 중

경제와 안보에 있어서 충돌한 한일 양국은 파국으로 치닫지는 않았다. 언제고 다시 폭발할 수는 있겠지만, 현재는 휴전상태라고 할 수 있다. 2019년 11월 우리 정부는 한일 지소미아 종료 통보의 효력을 정지한다고 발표했다. 한일 지소미아의 조건부 연장을 결정한 것이다. 그 배경에는 미국의 강한 개입이 있었던 것으로 보인다.

미국은 국방장관 등을 한국에 보내 지소미아가 한미일 3각 안보 협력의 핵심 이슈이며 미국은 지소미아 파기를 원하지 않는다는 점을 강하게 피력했다. 지소미아 만료와 서울과 도쿄의 갈등으로 이익을 보는 유일한 이들은 평양과 베이징이라고도 말했다.

초기 예상과는 달리 일본은 한국에 대해 강하게 경제 압박을 하지는 않았다. 우선 일본 정부는 3개의 소재 품목에 대해 수출규제를 단행한 직후에 이들 품목의 한국 수출을 허가했다. 일본경제산업성은 2019년 8월 "신청 내용을 심사한 결과, 군수 전용(轉用)의 우려가 없다고 판단했다."라고 승인 배경을 설명하며 포토레지스트 수출을 두 차례 승인했다. 수출 심사가 까다로워져 최장 90일까지 걸릴 것이라고 봤던 예상을 뒤집고 빠르게 허가를 내준 셈이다. 일본 업체의 수출 대상 한국기업은 삼성전자였다. 그리고 플루오린 폴리이미드에 대해서도 수출 허가한 데 이어, 11월에는 액체 불화수소 수출도 승인했다.

일본의 수출규제 초기만 해도 트럼프 행정부는 일본의 입장을 옹호하는 듯한 모습을 보였다. 그러나 지소미아 문제까지 테이블에 오르자 미국은 한미일 안보협력의 중요성을 지적하며 일본과 한국의 자제를 요청하기에 이른다. 이러한 의미에서 보면 지소미아를 지렛대 삼아 미국을 움직여 일본의 수출규제를 풀려고 했던 문재인 정부의 의도는 절반의 성공을 거두었다고 말할 수 있다.

그러나 일본 수출규제 조치가 철회된 것은 아니다. 활화산과 같이 언제 터질지 모르는 휴면상태에 있다고 보아야 한다. 또한 지소미아 문제로 인해 한미일 안보 공조는 균열을 보였으며, 특히 한일 간에는 언제 이 문제가 다시 불거질지 모르는 상황이 되었다. 역사 문제를 정치적으로 풀지 못하고 경제마찰을 초래한 일본이 비판받아 마땅하듯이, 이 문제를 안보갈등으로까지 비화시킨 한국 정부도 그 책임으로부터 자유롭지는 못할 것이다.

☑ 화이트리스트 수출통제 가능성은 여전히 남아 있어

핵심 소재 수출규제와 함께 일본이 꺼내 들었던 화이트리스트 제외 역시 아직 풀리지 않았다. 일본기업의 수출 절차가 복잡해지고 심사 기간이 길어졌다는 문제는 있지만, 아직까지 일본 정부가 군수 전용 가능성 등을 이유로 수출을 불허했다는 이야기는 없다.

그러나 수출 불허 가능성을 고려하면, 핵심 소재 수출규제보다 화이트리스트 규제가 훨씬 더 폭발력이 클 것이라는 점에 주목해야 한다. 그 이유는 화이트리스트 규제 대상 품목이 훨씬 많은데다 규제가 가해졌을 경우 우리 경제가 입을 영향이 훨씬 크기 때문이다. 일본의 화이트리스트 제외 대상의 전체 1,115개 품목 중 한국에 직접 연관되는 품목은 857개이며, 그 대부분이 소재·부품·장비(이하 소부장) 품목이다.

앞에서 살펴보았듯이, 10년 전 300억 달러를 넘었던 한국의 대일 무역적자는 최근에는 2018년 240억 달러, 2019년 191억 달러, 2020년 209억 달러 등을 기록하고 있다. 다음의 표는 2020년 시점 대일 무역적자가 10억 달러를 넘는 8개 품목, 그리고 이 품목들에 각각 해당하는 대표적인 화이트리스트 제외 품목을 예시한 것이다.

▼ 한국의 주요 대일 무역적자 품목 및 일본의 화이트리스트 제외 품목

HS코드	품목명	무역적자	화이트리스트 제외 품목
29	유기화학품	1,284	탄화수소의 할로겐화유도체
38	각종 화학공업 생산품	1,787	티타늄화합물, 반응촉진제
39	플라스틱과 그 제품	1,847	아크릴수지 플라스틱소재
72	철강	1,693	특수강으로 만든 블룸
84	원자로·기계류 및 부분품	6,627	수치제어식 선반·연삭기
85	전자기기 및 부분품	4,472	감광성 반도체 디바이스
87	차량 및 부분품·부속품	1,153	특수용도 차량 및 부속품
90	광학·정밀기기 및 부분품	2,998	반도체제조용 X선분석기

㈜ 무역적자는 2020년 시점의 금액으로서 단위는 백만 달러다.

〈자료 : 관세청 수출입무역통계〉

  몇 가지 논점을 정리하자면, 우선 이들 소부장 관련 8개 품목에서의 무역적자(약 219억 달러)가 전체 대일 무역적자(약 209억 달러)를 넘어설 정도로 크다는 점이다. 그중에서도 HS코드 84류에 해당하는 기계, 부품 분야의 무역적자가 전체의 3분의 1에 육박한다는 점에 주목할 필요가 있다. 이는 지금까지 반도체 관련 소재에 대한 일본의 수출규제가 이슈의 중심이었으나, 향후 그 대상이 기계장비나 부품으로 확산된다면 우리 경제가 입을 타격이 훨씬 클 것이라는 점

을 의미하고 있다.

또한 반도체 관련 핵심 소재의 경우 그 주요 대상이 삼성전자인데 비해, 화이트리스트 제외 조치의 경우 그 대상이 한국의 수많은 중소기업들이라는 점에서 그 파괴력이 훨씬 클 것을 예상할 수 있다. 3종의 핵심 소재에 대해 일본 정부는 예상과는 달리 빠른 기간에 수출을 허가했다. 이는 그 상대가 세계 메모리 반도체 시장을 지배하는 삼성전자였기 때문이다.

최고급 IT 기기를 생산해야 하는 기업들은 삼성전자 반도체를 쓸 수밖에 없다. 구글과 애플, 아마존 등 유수의 미국 기업이 삼성전자의 고객이다. 중국 화웨이, 일본 소니, 파나소닉 역시 삼성전자의 메모리 반도체를 쓴다. 이는 곧 일본발 수출규제로 삼성전자의 반도체 생산에 차질이 빚어지면 미국과 중국뿐 아니라 일본 자국 IT 기업의 완제품 개발과 출시 일정도 어그러질 수 있다는 뜻이기도 하다. 아베로서도 삼성에 큰 타격을 가하기는 쉽지 않았을 것이다. 한국 성공의 상징인 삼성을 타깃으로 감행한 공격이었지만, 그 대상이 삼성이었기 때문에 도리어 일본이 위축된 것이다.

그러나 800개가 넘는 항목에 이르는 화이트리스트 제외 조치라면 이야기는 달라진다. 앞의 표에서 확인했듯이, 여기에 속하는 소부장 품목들은 한국의 대일 무역적자의 대부분을 차지할 정도로 일본에 대한 기술적 의존이 강한 것들이다. 그 고객은 한국의 대기업도 있지만, 각종 화학품이나 공작기계, 부품 등에 대한 한국 중소기업들의 수요가 많다.

　물론 일본 정부가 이러한 품목들의 수출을 막으려면 '군수 전용'이라는 점을 입증해야 한다. 그러나 그것은 그렇게 어렵지 않을 수 있다. 예를 들어, 초정밀 가공기술 확보에 필수적인 광학현미경의 경우 우리 업체들은 일본으로부터 많이 수입한다. 그런데 광학현미경은 반도체 개발 과정에서만 쓰이는 것이 아니라 미사일 개발에도 이용된다. 또한 CNC(컴퓨터수치제어) 공작기계도 우리가 일본에 대한 의존이 심한 분야인데, 이 기계는 민간 영역에서 널리 사용될 뿐 아니라 무기 제조에도 쓰인다. 따라서 '귀에 걸면 귀걸이 코에 걸면 코걸이(耳懸鈴鼻懸鈴)' 식으로 군수 전용 가능성을 이유로, 일본 정부가 광학현미경이나 CNC 공작기계의 수출을 막을 수 있는 것이다.

　하지만 이렇게 화이트리스트 통제에 나선다면 일본으로서는 국내 공급업체들의 막대한 피해를 감수해야 한다. 더 나아가 그야말로 한일 경제 관계의 파탄까지 각오해야 한다. 따라서 일본 정부가 실제 화이트리스트 관련 수출통제에 나서기는 어려울 것으로 예상된다. 그렇다고 하더라도 그 가능성이 완전히 없다고 안심하기는 이르다. 한일 관계가 파탄에 이를 정도로 알력이 심각해지면 일본 정부가 이 카드를 꺼내 들 가능성은 충분히 있다.

경제통합과 미중 경쟁을
둘러싼 한일 대립

☑ 세계는 글로벌화 정체 속에
지역주의가 빠르게 확산

　1990년대 이후 글로벌화(globalization)와 지역주의(regionalism)라는 상반된 두 개념이 주목받았다. 글로벌화는 전 세계가 하나로 묶여가는 현상을 말한다. 자유무역이나 다국적기업의 확산, 금융의 자유화 등으로 상징되는 글로벌화는 선진국들이 주도하는 현상으로 이를 둘러싸고는 찬반양론이 존재한다. 반면 지역주의는 현상이 아니라 주의(~ism)나 주장을 가리킨다. 거기에는 추진하는 주체의 뜻이나 의지가 담겨있다.

　지역주의의 상징으로 평가받는 유럽통합에서 알 수 있듯이, 지역주의는 저절로 만들어지는 현상이 아니라 주체들이 강력한 의지를 갖고 밀어붙여야 성공할 수 있는 것이다.

　1990년대라는 시기는 글로벌화와 지역주의 모두에 있어 중요한 의미를 지닌다. 1995년 WTO(세계무역기구)가 발족되고, 1990년대를 통해서 금융 자유화가 확산되었지만, 이를 통해서 글로벌화가 성공적으로 추진되었다고 말할 수는 없다. 왜냐하면 WTO 발족 이후 WTO 내부 논의과정에서 오히려 자유무역에 대한 합의가 성사되지 못했고, 1997년 한국을 비롯한 동아시아를 휩쓴 외환위기가 상징하듯이 금융 측면의 글로벌화도 많은 문제를 노출했기 때문이다. 오히려 1990년대 이후 FTA나 지역 내 금융통합과 같은 지역주의가 크게 확산되었다.

▼ 연도별 지역무역협정 수 변화 추이

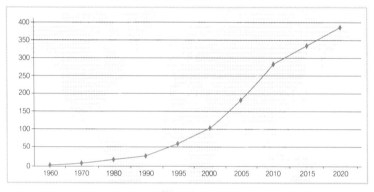

〈참고자료 : 외교부 자유무역협정 홈페이지〉

기존에는 글로벌화와 지역주의가 상호 모순된다고 보았다. FTA나 지역통합과 같은 지역주의가 확산되면 전 세계 대상의 글로벌화가 지장을 받는다고 본 것이다. 그러나 WTO에서 무역자유화 관련 합의가 이루어지지 못하면서 지역주의를 바라보는 시각도 변하고 있다.

오늘날 수많은 FTA나 지역통합이 서로 연결되고 중첩되는 현상이 나타나고 있는데, 이러한 것들이 결국 현실적 의미에서의 글로벌화로 이어진다고 보는 시각이 늘고 있다. EU(유럽연합)와 USMCA(미국·멕시코·캐나다 협정, 구 NAFTA)가 연결되고 여기에 RCEP(역내포괄적 경제동반자협정)이나 CPTPP(포괄적·점진적 환태평양경제동반자협정) 등이 연결되어 더욱 큰 경제통합으로 나아가면 결국 전 세계 대상의 글로벌화가 실현된다는 의미다.

한국, 일본, 중국이 속한 동아시아는 1990년대까지 지역주의와 거리가 멀었다. 한국과 일본은 지역주의의 확산이 글로벌화를 저해한다는 논리 아래 1990년대까지 WTO 중심의 글로벌화를 지지해왔다. 따라서 한국과 일본이 각각 FTA 체결 등 지역주의에 뛰어든 것은 2000년대 이후의 일이며, 중국의 경우에도 2001년 WTO 가입 이후 지역주의라는 흐름에 동참했다. 2000년대 이후가 되자 한중일 모두 FTA와 같은 작은 경제통합, RCEP이나 CPTPP와 같은 큰 경제통합에 적극적으로 뛰어든 것이다.

✔ 가속화하는 동아시아·환태평양 경제통합과 한일 대립

일본은 2002년 싱가포르, 한국은 2004년 칠레와 각각 최초로 FTA를 맺었다. 이로부터 한일 양국은 적극적으로 FTA를 체결해 갔는데, 2021년 현재 한일 모두 21개 국가·지역과 FTA를 체결했다.

그런데 한국과 일본은 본격적으로 FTA를 체결하기 이전에 이미 양국 사이의 FTA 체결에 대한 검토에 들어갔다. 1998년 12월부터 한일 FTA에 관한 민간 공동연구를 시작으로 비즈니스포럼, 산관학 공동연구 등 약 5년간의 준비 기간을 거쳐 2003년 10월 한일 정상회담에서 높은 수준의 포괄적 FTA 추진에 합의한 것이다. 이에 따라 2003년 12월부터 1년간 6차례 정부 간 협상을 실시하였으나, 2004년 11월 도쿄 개최 제6차 협상을 마지막으로 협상이 중단되었다.

중단에 이르게 된 핵심 쟁점에 대해서는 한일 양국의 주장이 다르다. 한국 측은 일본이 농수산물 시장개방 수준을 좀처럼 높이지 않았다고 주장한 데 반해, 일본 측은 한국이 자동차 관련 부품·소재 관세율 인하를 거부했다고 주장했다. 종합하면 일본으로서는 한국산 농수산물 수입 확대에 대한 농어민들의 반발이 두려웠을 것이고, 한국으로서는 일본 부품·소재 수입 증대로 이 분야 국내 기업들이 타격을 받을 것을 우려했을 것이다.

이후 한국은 EU, 미국, 중국 등 거대 경제권과 FTA를 체결했고,

일본은 EU와는 체결했으나 미국 중국과는 맺지 않았다. 한국과 일본은 중국을 포함한 한중일 FTA를 논의하는 과정에서 다시 협상 테이블에 앉게 되었다. 한중일 FTA 관련해서는 2003년부터 3국 민간 공동연구가, 2010년부터는 3국 산관학 공동연구가 시작되었고, 2013년부터는 정부 간 협상이 진행되었지만, 아직 합의에 이르지 못했다.

그 이유로서는 한중일 3국이 농수산물이나 노동집약제품, 부품·소재, 서비스산업 등 서로에게 민감한 분야에 대한 양보를 하지 않은 점을 들 수 있다.

또한 한중일 사이에 끊이지 않았던 역사나 영토 갈등 역시 3국 공동의 FTA를 추진하는 데 장애물로 작용했다. 이렇게 되자 한중일은 3국 간 FTA보다 범위가 더 큰 동아시아 경제통합에 관심을 쏟게 되었다.

그 더 큰 동아시아 경제통합으로 주목을 받고 있는 것이 RCEP과 CPTPP와 같은 다자간 무역협정이다. 이 두 협정은 EU와 USMCA에 필적할 경제통합으로 기대되고 있지만, 그 논의과정에서 한국과 일본은 서로 견제하며 대립하는 모습을 보이고 있다.

다음의 그림을 통해 현재로서는 참여국 수나 경제 규모 면에서 RCEP이 CPTPP를 크게 웃돌고 있음을 알 수 있다.

양자 관계를 중시하고 미국 국익을 우선시했던 트럼프 전 대통령은 2017년 TPP(환태평양경제동반자협정, CPTPP의 전신)에서 탈퇴했다.

▼ RCEP과 CPTPP 참여국가 및 규모 비교

	RCEP	둘 다 가입한 7국	CPTPP
	한국, 중국 캄보디아, 라오스 미얀마, 필리핀 태국 인도네시아	일본 호주 뉴질랜드 말레이시아, 싱가포르 브루나이 베트남	캐나다 멕시코 페루 칠레

	회원국	인구 (전 세계 비율)	GDP (전 세계 비율)	무역규모 (전 세계 비율)
RCEP란? 역내포괄적 경제동반자협정	**15국** (아세안 10국)	**22억6000만 명** (29.9%)	**26조3000억달러** (30%)	**5조4000억달러** (28.7%)
CPTPP란? 포괄적 · 점진적 환태평양 경제동반자협정	**11국**	**5억1000만 명** (6.7%)	**11조3000억달러** (12.9%)	**2조9000억달러** (15.3%)

〈참고자료 : IMF(국제통화기금) 2019년 기준〉

그러나 다자 무역협정과 동맹관계를 중시하는 바이든 대통령 시대의 미국은 머지않아 CPTPP에 재가입할 것으로 예상된다. 미국이 참여한다면 무역규모 측면에서는 RCEP이 CPTPP를 약간 웃돌지만, GDP 측면에서는 CPTPP가 앞서게 된다. 동아시아와 환태평양을 아우르는 양대 경제공동체가 등장하는 것이다.

RCEP은 ASEAN과 한국, 중국, 일본, 호주, 뉴질랜드 등 총 15개국 간의 FTA로서 2020년 11월 타결되었다. 당초 참여 예정이었던 인도는 협상 과정에서 중국과 마찰을 거듭한 끝에 불참을 선언했다. RCEP은 인구와 무역 규모, 총생산 측면에서 전 세계 약 30%를 차지하는 세계 최대 규모의 경제통합이다. 이로써 다자간 협정 틀 속에서 낮은 수준의 FTA(한일 간 관세철폐 수준 83%)라는 한계는 있지만, RCEP을 통해 한일 양국은 최초로 FTA를 맺었다는 의미를 갖게 되었다. 그러나 8년에 걸친 RCEP 논의과정에서 한국과 일본은 서로에 대한 불신을 키워왔다.

당초 RCEP이라는 경제공동체의 틀은 일본의 제안으로 만들어졌다. ASEAN+3(한중일) 논의과정에서 베트남과 필리핀을 제외한 대부분의 ASEAN 국가들이 친중국으로 흐르자, 일본은 자국에 우호적이라고 판단한 호주, 뉴질랜드, 인도를 참여시켜 판을 키운 것이다. 이를 통해서 일본은 중국 주도의 동아시아 경제통합 논의를 견제할 수 있다고 판단했다.

그러나 호주나 뉴질랜드의 경우 중국과의 경제 관계를 고려하여 적극적으로 일본 편을 들 수 없었는데, 한국 역시 마찬가지였다. 한국의 경우 노골적으로 중국을 지지하지는 않았지만, 중국과의 밀접한 경제 관계나 2015년 체결한 한중 FTA 등을 고려할 때 중국에 우호적인 입장이 점점 강해져 갔다. 결국 RCEP을 제안할 당시에 일본이 의도했던 바는 완전히 빗나갔다.

이에 일본은 새로운 전략을 들고나왔다. 항상 일본과 함께 하는 미국을 참여시켜 새로운 경제공동체를 만들겠다는 것이다. 이를 통해 중국을 견제하겠다는 의도도 숨기지 않았다. 동아시아에서 통상 질서를 주도하며 중국을 견제하겠다는 미국의 이해관계도 여기에 맞아떨어졌다. 그렇게 해서 등장한 것이 CPTPP다.

향후 CPTPP는 더욱 몸집을 불릴 것으로 예상된다. 미국의 재가입이 유력해 보이는 가운데, 2020년 11월 APEC(아시아태평양경제협력체) 정상회의에서 시진핑 국가주석이 중국의 CPTPP 참여 가능성을 시사했다. 2021년 2월에는 EU에서 탈퇴한 영국이 가입을 공식 신청했다. 그동안 CPTPP를 외면해 왔던 한국도 최근 가입을 적극적으로 검토하기 시작했다.

미국이 CPTPP에 재차 가입한다면 중국의 참여를 좌절시킬 것이라는 전망이 나오고, 한국의 가입에 대해서는 일본이 가혹한 조건을 내걸 가능성도 제기된다. 동아시아와 환태평양을 아우를 RCEP과 CPTPP라는 양대 경제권이 상호 보완적으로 가기보다, 현재로서는 미중 패권경쟁과 한일의 알력을 드러내며 대립적으로 흐를 가능성이 커 보인다.

☑ 미중 패권경쟁을 바라보는 한일의 시각 차이

최근 몇 년 동안 미중 패권경쟁이 가열되어 왔는데, 그 핵심 지역으로 동아시아가 주목받고 있다. 양국이 패권경쟁의 대표 전략으로 내세운 것이 중국은 일대일로(一帶一路, One Belt and One Road)이고 미국의 경우 인도·태평양전략이다.

이 둘은 약간 성격이 다르다. 일대일로는 경제적 성격을 강하게 내포하고 있는데, 이에 비해, 인도·태평양전략은 외교·안보적 성격이 강하다. 이 두 전략을 전면에 내세우며 중국과 미국은 아직은 탐색전을 벌이지만, 언제 전면적 충돌로 치달을지는 알 수 없다. 또한 그 전선에서 한국과 일본이 대립 양상을 보이고 있다.

▼ 중국의 일대일로와 미국의 인도·태평양전략

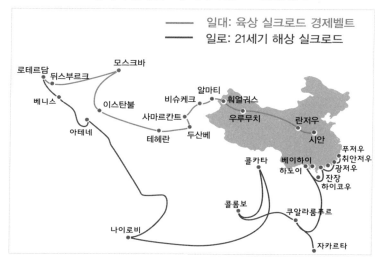

미국의 인도 · 태평양 전략

중국의 일대일로는 2014년 11월 베이징 APEC 회의에서 시진핑 주석이 제안한 육·해상 실크로드 경제권 구상이다. '중국판 마셜 플랜'으로도 불린 이 구상에 소요될 엄청난 자금 확보를 위해 중국 정부는 아시아인프라투자은행(AIIB)을 발족시켰다. AIIB는 미국과 일본이 주도하는 세계은행(WB)과 아시아개발은행(ADB)에 대항하며 중국의 위상과 영향력을 전 세계로 확대하고자 설립되었다.

2016년 1월 정식으로 운영이 시작된 이후 5년 동안 AIIB는 회원 국이 57개국에서 103개국으로, 투자프로젝트가 8개에서 45개로, 투자액이 17억 달러에서 100억 달러로 급성장했다. AIIB는 회원국 68개국을 보유한 ADB를 이미 외형 면에서 뛰어넘었다는 평가도 있지만, 전체 기금 규모에 있어서는 AIIB(308억 달러)가 ADB(2,500억 달러)의 약 12%에 머무르는 등 아직까지는 취약함을 드러내고 있다.

일대일로가 중국이 아시아에서 유럽에 이르는 대동맥을 구축함으로써 미국의 지정학적 우위를 무력화하려는 것이라면, 이를 뒷받침하는 AIIB는 미국·일본 동맹의 세계 금융패권에 대한 중국의 도전이다. 미국은 일대일로 사업을 통해 지원받은 나라들이 과도한 부채로 중국에 종속된다고 비판했다. 일대일로와 AIIB를 둘러싼 중국과 미국의 갈등에 대해 일본과 한국 또한 다른 대응으로 나서고 있다.

일대일로에 대해서는 한일 양국 모두 에너지, 환경, 물류 등의 분야에서 기업 차원의 참여 필요성에는 공감하고 있지만, 구체적으로 참여하고 있지는 않다. 하지만 AIIB에 대한 대응은 달랐다. 일본은 중국이 부총재직을 제안하면서까지 강하게 요청했음에도 불구하고 AIIB에 참여하지 않았다.

G7 국가 중 AIIB에 참여하지 않은 나라는 미국과 일본 두 나라뿐이다. 반면 한국의 경우에는 AIIB 설립 과정부터 적극적으로 참여해 중국, 인도, 러시아, 독일에 이어 5위의 지분율을 획득했다. 글로벌 금융패권경쟁에서 미국과 일본은 힘을 모아 중국의 부상을 견제하는 것에 비해, 한국은 중국이 만든 배에 올라탄 것이다.

미국의 중국 견제 과정에서 한국과 일본이 갈라선 결정판은 인도·태평양전략이다. 인도·태평양 전략은 중국의 해양 진출을 차단하기 위한 미일 협력의 핵심 전략으로 꼽힌다. 인도·태평양 전략 개념은 아베 전 총리가 처음 제안한 것이었다. 2016년 8월 아베는 도쿄 아프리카개발회의(TICAD) 연설에서 중국 견제용으로 인도·태평양 전략을 처음 꺼내 들었다. 이후 2018년 7월 미국 폼페이오 전 국무장관은 인도·태평양 전략이 중국의 일대일로 패권주의를 배격하며 자유와 열린 민주사회를 지향하고 있음을 밝히면서 그 지향점을 분명히 했다.

이 전략에 관해 2017년 11월 한미 정상회담에서 트럼프 전 대통령이 한국에 대해 인도·태평양 전략 구상에 참여해줄 것을 제안했다. 그러나 문재인 대통령은 이 구상이 일본이 주도하는 전략이라는 점과 한미일 군사동맹으로 이어질 수 있다는 점을 언급하면서 거절하였다.

인도·태평양 전략과 그 4개국이 참여하는 안보회의체 쿼드(Quad)에 대한 관심은 바이든 행정부에서 더욱 강해지는 양상이다. 2021년 3월 일본에 이어 한국을 방문한 토니 블링컨 미국 국무부 장관은 쿼드에 대해 한국과도 긴밀히 협력 중이라고 밝혔다. 그러나 정의용 외교부 장관은 한국의 쿼드 가입에 대한 직접적인 논의는 없었다고 밝히며 블링컨 장관의 발언을 부인했다.

이러한 해프닝은 미국과 중국 사이에서 한국이 처한 어려움을 단적으로 보여준다. 지금까지 일본은 확실하게 미국과의 공조를 통해 중국을 견제하려는 전략을 구사해온 것에 비해, 한국은 '전략적 모호성' 아래 어정쩡한 태도를 취해 왔다. 미중 패권경쟁이 격화되어 간다면 향후 이러한 한국의 전략이 계속 통할지, 아니면 확실한 태도를 보여야 할지에 대해서 보다 면밀한 검토가 필요할 것이다. 그렇지만 한국이 인도·태평양 전략 및 쿼드에 참여하지 않고 중국 주도의 일대일로(AIIB)에 절반가량 가담하면서, 미국과 일본은 한국이 중국 쪽으로 기운 것이 아닌가 하는 의구심을 갖게 된 것은 사실이다.

☑ 한반도 문제에 대한
한일의 입장 차이

1998년 8월 북한의 대포동 1호 미사일이 일본열도를 넘어서 태평양에 떨어졌다. 그야말로 일본이 발칵 뒤집혔다. 당시 교토대학에서 박사학위 논문을 마무리하던 필자는 그때의 상황을 생생히 기억하고 있다. 일본 전역이 북한의 중장거리 미사일의 사정권에 있다는 사실을 실감한 일본인들은 큰 충격을 받았다. 더구나 1993년 제1차 북핵 위기가 있었던 터라, 이 사건은 바로 북한 핵무기 위협으로 받아들여졌다. 북한이 얼마나 비정상적인 국가인가, 북한의 위협으로부터 일본의 안전을 어떻게 지킬 것인가 등등, 일본 매스컴은 연일 이 사건을 대서특필했다.

아마도 이 사건을 계기로 일본 정부와 국민들은 한반도를 바라보는 시각이 크게 바뀌었다고 생각된다. 그동안 추상적으로 여겼던 북한의 군사적 위협을 실감하게 되었고, 북핵 폐기 등 한반도 평화 문제가 남의 나라 얘기만은 아니라는 현실을 깨달았다. 동시에 이 사건은 아이러니하게도 일본 자민당 내 극우 세력들에게 힘을 실어주는 계기가 되었다. 북한 위협에 대처하기 위해 일본도 재무장해야 한다는 논리가 힘을 얻었다. 일본 평화헌법의 근간인 헌법 9조를 개정하여 자위대를 정식 군대로 바꾸어야 한다는 주장이 커져갔고, 미국을 설득해서 일본도 핵무장을 해야 한다는 주장도 나왔다. 일본의 우경화를 북한이 도와준 꼴이 된 것이다.

이후 북핵 폐기와 평화 정착 등 한반도 문제를 바라보는 한국과 일본 두 나라의 입장은 그 간격이 점차 벌어져 갔다. 특히 한국에서 민주당 정권이 집권할 때에 그러한 한일 간 입장의 차이가 더욱 부각되었다. 2000년 6월 김대중 대통령과 김정일 위원장 간의 1차 남북정상회담, 2007년 10월 노무현 대통령과 김정일 위원장 간의 2차 남북정상회담, 2018년 4월 문재인 대통령과 김정은 국무위원장 간의 3차 남북정상회담 등을 거치며 한국에서는 한반도 평화의 중요성이 더욱 높아졌다.

2018년 문재인 대통령과 김정은 위원장의 만남 당시 기념식수 현장

당시의 일본은 북핵과 탄도미사일 폐기를 통한 북한 군사적 위협 제거를 최우선 과제로 두었다. 사실 일본과 북한은 1990년대부터 수교 협상을 본격화했다. 그런데 대포동 미사일 사건과 함께 또

하나의 문제가 불거졌다. 2000년대 이후 주요 쟁점으로 떠오른 일본인 납치 문제다. 우여곡절 끝에 2002년 9월, 마침내 김정일 위원장과 고이즈미 총리가 평양에서 만났다. 일본은 과거사 보상과 국교정상화회담을 약속했고, 북한은 미사일 시험발사 유예와 납치자 문제 해결을 약속했다.

그러나 순탄할 것 같던 북일 관계 개선에 금이 가는 사건이 발생한다. 북한이 일본인 납치피해자라고 건네준 유골이 다른 사람의 것으로 드러난 것이다. 북한에 대한 일본 내 비난 여론이 들끓었고, 납치피해자 가족과 지원 단체는 대북 경제제재를 강력히 요구했다. 악화한 여론에 뒤이어 터진 2006년의 북한 1차 핵실험까지 겹치자, 북일 관계는 더 이상의 성과를 내지 못한 채 얼어붙었다.

한반도 문제에 있어서 평화 정착을 중시하는 한국 정부와 북핵 폐기를 우선시하는 일본 정부는 곳곳에서 파열음을 내고 있다. 문재인 정부가 추진해온 한반도 평화 프로세스의 이면에서 일본이 바쁘게 움직였다는 것을, 2020년 6월 출간된 전 미국 백악관 국가안보보좌관 존 볼턴의 회고록(The Room Where It Happened: A White House Memoir)에서 확인할 수 있다.

볼턴에 따르면, 2018년 6월 싱가포르 북미 정상회담, 2019년 2월 하노이 북미 정상회담 등을 앞두고 당시 아베 총리와 일본 정부는 트럼프 대통령과 미국 행정부에 북한에 과도하게 양보하지 말 것과 함께 군사력을 포함한 강력한 북한 압박을 주문했다고 한다. 2019

년 4월 워싱턴을 방문한 아베는 하노이 노딜을 긍정적으로 평가하며 트럼프를 치켜세우기까지 했다. 볼턴의 말이 사실이라면, 결과적으로 당시 트럼프 대통령은 문재인 대통령의 바람보다 아베 총리가 원하는 방향으로 움직인 것이다. 한반도 문제에 있어서 한국과 일본은 서로 다른 곳을 쳐다보면서, 문재인 대통령이 최대 업적으로 삼고자 했던 한반도 평화 프로세스는 결국 진전을 보지 못했다.

제3장

일본과의 동행
그리고 극복

일본기술 활용해서
일본경제 넘어서기

☑ 일본경제를 넘어선다는
기준은 무엇인가?

일제 식민지 지배를 받았던 기억 때문일까, 우리는 일본이라는 나라에 대해서 의식을 많이 한다. 축구나 야구 등 스포츠 경기를 할 때마다 그 상대가 일본이라면 한국은 달아오른다. 국민은 물론이고 운동선수들도 일본만은 반드시 이겨야 한다고 다짐한다. 필자가 일본에 살 때도 한일전이 열리면 어김없이 TV 앞에서 목청 높여 "한국"을 외쳤던 기억이 난다.

그렇다면 경제라는 영역에서 우리가 일본을 넘어선다는 것은 무엇을 기준으로 할까? 현재 한국의 GDP 규모는 일본의 1/3 수준이며 1인당 GDP는 80% 수준이다. 이러한 GDP 수준이 그 기준이라면 국가 규모에서 한국이 일본을 넘어서기는 당장은 쉽지 않다. 한국이 미래에 북한과 통일이 되어 1억 가까운 인구를 갖는다면 몰라도 그렇지 않은 한 국가 전체 경제 규모에서 일본을 앞서기는 쉽지 않다. 하지만 1인당 GDP라면 머지않은 장래에 한국이 일본을 앞설 것이라고 예측되고 있다.

　반면 앞에서 살펴보았듯이, 국가경쟁력과 같은 질적 기준으로 평가한다면 많은 측면에서 한국은 이미 일본을 앞섰다고 평가된다. 디지털 경쟁력에서도 한국은 일본을 크게 앞섰다. 디지털 기술을 활용한 제4차 산업혁명에서의 성공 여부가 앞으로 한 국가의 성패를 좌우한다고 볼 때, 한국은 일본보다 더 큰 성공 가능성을 안고 있다. 이렇게 오늘날 무엇보다 중요한 것은 기술이다. 국가 규모에 상관없이 기술이 앞섰다는 것은 경제적으로 앞섰다는 뜻으로도 통한다. 따라서 한국경제가 일본경제를 앞선다는 것은 결국 기술수준에서 앞선다는 것을 의미한다고 말할 수 있다.

▼ 일본대비 기술격차(중소기업, 2017년 기준)

구분	사례(기업수)	기술격차(년)
전체	51,737	-1.8
기계·소재	27,076	-1.9
전기·전자	8,445	-1.3
정보통신	1,091	-1.0
화학	8,648	-2.1
바이오·의료	3,016	-1.5
에너지·자원	481	-2.0

구분	사례(기업수)	기술격차(년)
지식서비스	1,410	−2.4
세라믹	1,570	−1.6

〈자료 : 통계청 「일본 대비 기술분야별 기술격차(제조업)」(2019)〉

　표에 소개된 일본 대비 기술격차는 흥미로운 결과를 보여준다. 국내 51,737개 중소기업을 대상으로 설문 조사한 결과에 따르면 한국의 기술수준은 2017년 기준으로 일본과 비교해 평균 1.8년 뒤진 것으로 조사되었다. 1970년대만 해도 한국인들은 입버릇처럼 "한국은 일본에 20년 뒤처졌다."라고 했고, 1990년대에 이르러서는 "10년 뒤처졌다."라는 말이 회자되었다. 그런데 최근 중소기업들이 체감하는 기술격차는 그보다 훨씬 적게 나타난 것이다.

　그 가운데 가장 큰 비중을 차지하는 기계(부품 포함)·소재 산업의 경우 1.9년 차이를 보이고 있고, 가장 큰 격차를 보이는 산업은 지식서비스로 나타났다. 글로벌시장에서 활약하는 국내 대기업들이 많은 전기·전자나 정보통신 산업의 경우에는 각각 1.3년, 1년으로 가장 작은 기술격차를 보이며, 바이오·의료나 에너지·자원 등의 미래산업에서도 1.5~2년 정도의 기술격차가 있는 것으로 파악되었다.

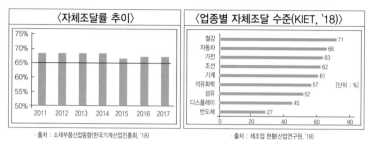

▼ 한국의 소부장 국산화 비율 추이 및 산업별 국산화 비율

〈자체조달률 추이〉

75%
70%
65%
60%
55%
50%
2011 2012 2013 2014 2015 2016 2017

· 출처 : 소재부품산업동향(한국기계산업진흥회, '18)

〈업종별 자체조달 수준(KIET, '18)〉

철강 71
자동차 66
가전 63
조선 62
기계 61
석유화학 57 [단위 : %]
섬유 52
디스플레이 45
반도체 27

0   20   40   60   80

· 출처 : 제조업 현황(산업연구원, '18)

〈자료 : 산업통상자원부 「대외의존형 산업구조 탈피를 위한
소재·부품·장비 경쟁력 강화 대책」(2019)〉

한편 위의 두 그림은 시사하는 바가 크다. 2011년부터 2017년까지
한국 소부장의 국산화 비율은 60% 중반으로 정체되어 있다. 정부
의 지속적인 지원이 있었음에도 불구하고 소부장 국산화가 결코 쉽
지 않았다는 점을 의미한다. 그리고 산업별로는 반도체, 디스플레
이와 같은 첨단 분야일수록 대외의존도가 높고 국산화 비율이 낮
은 것으로 나타나고 있다.

예컨대, 반도체는 600여 개 이상 공정에서 수백여 개의 소재와
장비가 필요하나, 해외의 안정적인 공급망에 의존하고 있어 자체
조달 수준은 27%에 불과하다. 특히 철강이나 가전과 같이 국내 발
전의 역사가 긴 산업에 비해 반도체나 디스플레이와 같이 현재 우
리나라의 주력 산업에 있어 국산화 비율이 매우 낮다는 점이 심각
하게 다가온다.

이상과 같이 60% 중반에 멈춰선 전체 국산화 비율과 주력 산업

에서의 저조한 국산화 비율의 배경에는 한국의 일본 소부장 산업기술에 대한 의존이 자리 잡고 있다. 소부장 산업에 있어서 한일 간에는 1.9년 정도의 기술격차가 있다고 보았지만, 한국의 소부장 국산화 비율을 보면 그 격차가 더욱 크게 느껴진다.

☑ '소부장' 국산화는 독립운동이 아니다

우리나라의 압축성장 과정에서 소부장의 대외의존 특히 일본에 대한 의존이 심화되었다. 과거를 돌아보면 우리 정부는 소재부품의 대일의존도가 심화하자 1978년 소재부품의 수입국 다변화 제도를 도입했고, 2001년 「소재부품 전문기업 등의 육성에 관한 특별조치법」을 제정했다. 이 특별법과 다양한 노력에 의해 2001년 240조 원에 그친 소재부품 생산액은 2018년 600조 원으로 늘어났고, 수출은 2001년 646억 달러에서 2,700억 달러로 4배 이상 급성장했다. 그러나 이런 노력에도 불구하고 소재부품 산업의 대일의존도는 여전히 60%를 넘고 있는데, 결국 그 요인은 한일 간의 기술격차에서 찾을 수 있다.

우리나라의 소재부품 산업은 2019년 기준 전체 수출의 50% 이상을 차지하고 992억 달러에 이르는 무역흑자를 보일 정도로 성장했으나, 아직도 첨단 소재부품에 있어서는 일본과의 기술격차로 인해 대일 의존에서 벗어나지 못하고 있는 것이다.

이번에 일본은 이러한 한국경제의 약한 고리를 타깃 삼아 수출규제를 감행했다. 이에 우리 정부는 소부장 산업의 경쟁력을 획기적으로 높이기 위해 2020년 2월 1일 「소재·부품·장비 특별조치법」을 제정했다. 이번의 법 제정은 2001년 이후 약 20년 만에 전면 개편을 통해 2021년 일몰 예정이던 특별법을 상시법으로 바꾼 것이다.

개정된 상시법의 특징은 기업 단위 전문기업 육성에서 산업 전반의 경쟁력 강화로 방향을 전환한 것이다.

삼성반도체 평택캠퍼스 전경

이렇게 소부장 산업의 육성을 통한 대일 무역역조의 극복은 과거로부터 지속된 우리 경제의 큰 과제였다. 하지만 아직까지도 극복되지 않아 관련법과 지원책을 강화하며 기업과 산업을 지원해 왔다.

그러나 소부장 국산화는 어디까지나 시장의 영역에서 이루어지는 것이다. 성능과 품질이 더 좋은 소재나 부품, 장비를 만드는 것은 시장에서 기업들이 해야 할 몫이다. 정부의 역할은 어디까지나 정책적으로 기업들을 지원하는 역할에 국한되어 있다.

그런데 소부장 국산화 문제를 정치적으로 접근하면 문제 해결에 도움이 안 된다. 오히려 문제를 악화시킨다. 우리 경제의 오랜 숙

원인 소부장 국산화라는 문제는 시장과 경제 논리에 따른 자본 투입과 기술격차 해소 차원의 문제이지 정치와 역사적 문제로 접근할 화두가 아니다.

하지만 안타깝게도 한일 갈등이 증폭되는 오늘날 우리 사회에서는 여전히 잘못된 논의의 선상에서 촉발된 불필요한 소모적 논쟁과 그에 따른 사건들이 벌어지고 있다.

정부와 여당이 국내 소부장 산업을 적극적으로 육성하겠다고 지원을 늘리는 것은 바람직하다. 그러나 소부장 국산화를 '기술독립'이나 '극일'이라고 표현하며 지나치게 정치화하는 것은 옳은 해결방안이 아니다.

심지어 일본의 경제보복에 맞서 국내 소부장 기업을 지원한다는 취지로 만든 소부장(필승코리아) 펀드에 대통령이 5,000만 원을 투자해서 90% 넘는 수익을 냈다고 하는 보도를 접하면서, '이렇게 접근해서 소부장 국산화가 달성되는 것이 아닌데…'하는 생각을 떨칠 수 없다.

소부장 기술의 일본 의존 및 대일 무역역조 문제는 그야말로 반세기에 걸쳐 만들어진 구조적인 문제다. 앞서 살펴보았듯이, 소부장의 대일 수입 확대는 일본이 강요한 것이 아니고 우리가 선택한 것이라는 점을 명심해야 한다.

대기업 중심으로 수출을 통해 빠르게 성장하기 위해서는 양질의 소부장을 일본에서 도입하는 것이 불가피한 선택이었다. 또한 이를 통해 우리의 이익이 일본으로 빨려갔다기보다 우리가 일본을 활용해 보다 짧은 시간에 압축성장에 성공했다고 보는 것이 타당하다. 강을 건너려는 사람이면 누구나 배를 만들 수 있어야 하는 것은 아니다. 우리는 강을 건너기 위해 일본의 배를 빌려 탔을 뿐이다.

물론 이와 같은 차원에서 형성된 한일 기술협력 구조를 이번에 보복 수단으로 악용한 일본 정부는 강력히 비판받아야 한다. 하지만 마찬가지로 우리가 추구해야 할 소부장 기술 발전을 '독립'이나 '극일'로 표현하며 정치적으로 이용하려는 우리 정부의 태도도 적절치 않다. 이 문제는 하루아침에 해결될 수 없고, 우리가 뜨겁게 달아올라서는 오히려 일을 그르치기 쉽다.

대부분의 소부장 관련 기술혁신은 오랜 기간의 연구개발이나 생산 현장에서의 숙련과 노하우 축적을 통해 이루어진다. 수많은 소부장 기술 중에서 과연 어느 것을 캐치업 대상으로 삼을 것인가, 역으로 어느 것은 아무리 지원해도 일본을 앞서기가 어려울 것인가에 대한 냉정한 판단이 요구된다.

우리 정부는 2022년까지 기술개발(R&D)에만 5조 원 이상을 투입해 소부장 기업의 자립을 적극적으로 지원하겠다고 한다. 기술개발에 대한 지원으로는 적지 않은 금액인데, 예산 낭비를 하지 않기 위해서는 정부 지원이 필요한 분야에 대한 선별이 중요하다. 정치적으로 접근하지 말고 이를 가장 잘 아는 시장에 맡겨 차분하게 추진해야 한다.

☑ 기술수준과 시장규모에 입각한
   한일 소부장 산업 비교

앞서 살펴보았듯이, 경제성장에 필수적인 생산요소에는 노동과 자본 그리고 기술이 있다. 일반적으로 소비자들이 필요로 하는 소비재는 노동이나 자본을 많이 필요로 하는 것에 비해, 기업 간 거래(B2B)가 이루어지는 소부장 산업의 경우는 높은 기술수준을 요구한다.

고가에 거래되는 고성능 소부장의 경우에 특히 그러하다. 이와 같은 기술수준에는 신제품 개발 능력을 나타내는 제품혁신(product innovation) 능력과 생산 현장에서의 숙련·노하우의 축적 정도를 나타내는 공정혁신(process innovation) 능력 모두가 포함된다.

그리고 소부장 관련 시장은 그 규모 측면에서 보면 매우 다양하다. 즉 많은 기업들이 광범위하게 사용하는 소부장의 시장규모는 크지만, 그렇지 않고 시장규모가 작은 경우도 많다. 이렇게 소부장 기업들의 기술수준과 해당 분야의 시장규모를 기준으로, 한일 소부장 산업의 경쟁 관계를 나타낸 것이 다음의 그림이다.

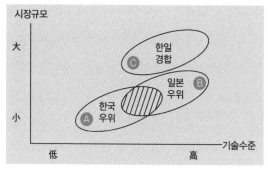

소부장 산업에서의 한일 경쟁 관계

A 영역은 기술수준이 중간 정도이며 시장규모가 작은 범용 소부장 분야를 가리킨다. 일반 화학 소재나 기계 부품, 범용 공작기계 등이 여기에 속하며, 수많은 중소기업이 해당 소부장을 생산하고 있다. 이 영역에서는 과거에 일본기업들의 기술적 우위가 있었지만, 기술이 범용·표준화되며 한국기업들의 기술적 캐치업이 이루어졌다고 볼 수 있다. 이에 따라 일본기업들은 인건비 등이 저렴해 생산비용 측면에서 우위를 갖는 한국기업들과의 경쟁을 피해 보다 높은 기술수준의 소부장으로 이동한 경우가 많다. 그러므로 A 영역에 속하는 소부장은 주로 한국기업들이 생산하고 있다고 말할 수 있다.

B 영역은 높은 기술수준이 요구되지만, 시장규모가 크지 않은 소부장 분야를 나타내는데, 일본이 한국에 대해 절대적인 기술 우위를 확보한 영역이다. 이 영역에는 제품혁신이나 숙련 축적 등에서 높은 기술혁신 능력을 보유한 일본기업들이 포진하는데, 이 기업들이 생산한 소부장은 상대적으로 고가에 판매된다. 앞서 소개한 혁신적인 교토식 기업들이 생산하는 소부장이 여기에 포함된다. 또한 이번에 일본 정부가 수출규제에 동원한 반도체 핵심 소재 3품목이 여기에 속하며, 일본기업이 한국 시장에 대한 지배력을 갖는 CNC 시스템[7]

---

7) CNC(컴퓨터 수치제어) 공작기계 작동에 있어서 두뇌에 해당하는 것이 CNC 시스템인데, 현재 우리나라에서 사용되는 전체 CNC 시스템의 90% 정도가 일본제품이며 그중에서 85%가 일본 화낙(Fanuc)사의 제품이다. [정승연, 「일본 경제보복에 대처하는 기술안전망 구축」, 『2020 한국경제대전망』(21세기북스, 2019)]

도 여기에 포함된다. 삼성전자가 조달하는 일본 반도체 제조장비 역시 여기에 속한다고 말할 수 있다.

그리고 A 영역과 B 영역이 겹치는 사선 부분은 한국과 일본의 소부장 기업들이 경쟁하는 영역이다. 이 영역에서는 동일한 소부장을 한일 양국 기업들이 생산하지만, 기술 측면에서는 일본기업이, 비용 측면에서는 한국기업이 다소간의 우위에 있다고 말할 수 있다. 따라서 그 기술적 측면에서의 약간의 격차를 한국기업들이 극복하면 이 경쟁영역은 한국 우위의 A 영역으로 이동하게 된다. 과거 일본기업들이 기술적 우위에 있었던 분야에서 최근 한국기업들이 약진하면서 이러한 경쟁영역은 커지고 있다.

한편 C 영역은 기술수준도 높고 시장규모도 큰 소부장 분야를 가리키는데, 세계를 무대로 한국과 일본의 대기업들이 치열하게 경쟁하는 영역이다. 삼성전자가 절대적 우위를 차지하는 메모리 반도체나 일본기업들이 앞서는 시스템 반도체, 한국이 주도하는 OLED 디스플레이, 한일전 양상을 보이는 전기차 배터리 등 주로 핵심 IT 부품들이 이 영역에 포함된다.

이렇게 소부장 산업을 단순 도식화하면, 이번에 감행된 일본 수출규제의 본질에 대한 이해가 쉬워진다. 일본이 기술적으로 앞선 B 영역을 이용해 한일 경쟁이 치열한 C 영역에서 한국기업들을 공격하려고 한 것이다. 그러나 C 영역에 속한 삼성전자 등 한국 대기업들의 경쟁력을 떨어뜨리겠다는 일본 정부의 의도는 성공하지 못했다.

앞으로가 중요하다. 우리로서 소부장 국산화를 어떻게 추진할 것인가, 기술적으로 일본을 극복하는 길은 무엇인가에 대한 면밀한 검토가 필요하다.

☑ 일본 소부장 기술을 활용해서 일본을 넘어선다

우리에게 있어서 일본기술을 국내 기술로 대체하는 소부장 국산화는 꼭 필요한 과제이지만, 거기에 매몰되어서는 일본을 넘어설 수 없다. 오히려 일본 소부장 기술을 활용하며 우리의 소부장 기술능력을 키워가야 궁극적으로 일본을 극복할 수 있다. 대기업과 중소중견기업으로 나누어 생각해보자.

앞서 그림의 C 영역에서 삼성전자나 LG전자와 같은 국내 기업이 기술이나 신제품 개발에서 일본을 앞설 수 있었던 것은 세계 최고의 품질과 성능을 갖는 소부장을 활용했기 때문이다. 그리고 그 소부장의 많은 부분이 B 영역에 있는 일본제품이었다. 일본의 소부장 기술 활용에 삼성이나 LG와 같은 국내 기업집단의 자금동원력이 합쳐져서 소니나 파나소닉 등 일본 대기업들을 넘어선 것이다.

앞으로도 마찬가지다. 한국 대기업들이 현재의 기술 우위 분야를 유지하는 동시에, 시스템 반도체 등 현재 일본이 우위에 있는 분야에서 일본기업들을 추월하기 위해서는 그 기술수준이 세계 최고인 한 B 영역의 일본 소부장 기술을 적극적으로 활용해야 한다. B 영역의 일본 소부장 기술을 활용해 C 영역의 첨단 소부장 분야에서 일본을 극복하는 것이다.

그렇다면 중소중견기업들이 중심이 되는 A, B 영역, 특히 B 영역에서 한국기업들을 어떻게 육성해서 일본을 극복할 것인가가 주요 과제로 남는다. 그런데 이 영역에 속하는 국내 기업들 역시 일본의 소부장 기술과의 연관성이 깊다는 사실을 인식해야 한다.

소재를 생산하는 한국기업들은 거기에 들어가는 화학물질이나 계측기를 일본에서 수입하는 경우가 많다. 국내에서 자동차 부품을 생산하는 기업들의 대다수도 일본에서 부품 생산용 기계를 조달한다. 국내에서 CNC 공작기계를 생산하는 기업들도 CNC 시스템은 일본 화낙사의 제품을 사용한다.

이러한 소부장 기업들을 지원하는 방안은 그들이 만드는 소부장 영역에서 기술경쟁력을 최대한 끌어올리도록 하는 것이다. 즉 일본 화학물질을 이용해 화학제품을 만드는 한국의 소재 분야 기업이 그 화학제품 영역에서 기술수준을 끌어올려 동종의 일본제품을 넘어설 수 있게 지원해야 한다. 마찬가지로 자동차 부품이나 공작기계를 만드는 국내 기업들에도 일본의 고성능 기계나 부품을 활용해서 만드는 자동차 부품·공작기계의 경쟁력을 높이도록 유도해야 한다.

일본 소부장 기술을 활용해서 만드는 또 다른 소부장 영역에서 일본을 넘어서는 것이다. 상대가 잘 만들어 놓은 망치를 이용해 우리는 더 좋은 명검을 만들어내면 된다. 결국 국내 소부장 산업의 발전을 위해서는 일본의 소부장 기술을 활용하며 우리가 앞설 수 있는 소부장 분야, 제4차 산업혁명의 도래와 함께 새롭게 떠오르는 신설 소부장 분야에서의 경쟁력 확보에 중점을 두어야 한다.

그런데 좀 더 근본적인 문제를 생각해보면, 한국의 소부장 기술이 일본에 뒤처지는 이유는 양국의 기초과학 기술의 격차에 있다는 사실을 깨닫게 된다. 소재나 부품, 장비 등 해당 분야에서 우리의 기초과학 기술이 열세에 있다는 것이다. 예를 들어, 이번에 일본이 수출규제에 나선 포토레지스트와 고순도 불화수소, 플루오린 폴리이미드 등의 핵심 소재에 있어서 일본은 한국보다 이 분야 화학기술수준에서 우위에 있다.

이 분야 기술혁신을 위해서는 부단한 연구개발(R&D)을 통해 기초기술을 확보하는 것이 무엇보다 중요하다. 어떻게 보면 지금까지 일본에서 노벨화학상 8명을 포함한 24명의 노벨과학상 수상자가 배출되었다는 사실이 일본과 한국과의 기초과학 기술에 있어서의 격차를 말해준다.

앞선 기초기술은 산학 연계를 통해서 응용기술화 되어 신제품으로 등장한다. 결국 우리가 일본을 기술적으로 넘어서기 위해서는 기초과학 기술을 끌어올려야 한다는 결론에 도달하게 된다. 그것은 어느 한 정부에서 이룰 수 있는 것이 아니다. 그야말로 장기적인 과제로 삼으며 꾸준히 노력하는 길 외에 방법이 없다. 결국 그 장기 과제를 얼마나 효율적이며 체계적으로 추진해 가는가가 미래 한국의 발전, 그리고 일본과의 격차 극복을 좌우할 것이다.

실패를 교훈 삼아
일본시장 공략

☑ 한국 대표기업들의 일본시장에서의
좌절과 철수, 그리고 재도전

미국과 일본이 지배하던 세계 반도체 시장에 1980년대 초 뛰어든 삼성에 대해 당시 일본 업체들은 '불가능한 일에 뛰어든 무모한 도전'이라고 얕보았다. 그러나 삼성은 불과 10년 만에 DRAM 중심의 메모리 분야 최강자로 떠올랐다. 이후 미쓰비시, NEC, 히타치 등 일본 업체들은 삼성에 대항하기 위해 정부 주도로 DRAM 사업부를 갹출해 1990년대 말 엘피다 메모리를 설립하지만, 이 또한 실패로 돌아가 메모리 사업에서 철수했다. 이후 일본의 전자 IT업체들은 삼성전자로부터 DRAM, 낸드플래시 등의 메모리를 도입하지 않으면 제품을 생산할 수 없는 처지가 되었다.

이렇게 반도체로 상징되는 IT 부품에 있어서 삼성은 일본을 넘어섰지만, 일반 소비자들을 대상으로 하는 일본시장 공략에 대해서는 좀처럼 엄두를 내지 못했다. 그만큼 전 세계 전자산업을 지배했다고 하는 일본인들의 자존심은 높고, 일본시장은 난공불락의 요새로 받아들여졌다. 그랬던 것이 장기불황이 지속된 일본에서 한류가 꽃을 피우기 시작한 2010년대에 접어들며 변화의 바람이 불었다. 삼성전자가 '문화 한류'의 영역을 '디지털 한류'로 확장할 계기를 마련한 것이다.

2010년 10월 일본시장에 모습을 보인 갤럭시S는 출시되자마자 18주 동안 1위를 지켰던 아이폰4를 제치고 1위를 기록했다. 2011년 6월 23일 출시된 갤럭시S2는 출시 4일 만에 28.5%의 점유율로 전체 휴대폰 판매량 1위에 등극했다. '외국산 휴대폰의 무덤'으로 불렸던 일본시장에서 삼성이 엄청난 반향을 불러일으킨 것이다.

그러나 2012년 일본시장 점유율 15%대를 유지하며 선전하던 삼성 스마트폰은 이후 한 자릿수 점유율로 급격히 후퇴했다. 그 배경으로는 소프트뱅크와 KDDI와 같은 이동통신사가 애플 아이폰을 판매한 데 이어 2013년 9월에 일본 제1의 이동통신사인 NTT도코모 역시 아이폰 신제품 판매에 합의하는 등 애플이 진행한 일련의 유통망 장악을 원인으로 들 수 있다. 이후 애플의 일본 시장점유율은 50%대까지 올라섰으며, 삼성은 2%대까지 추락했다.

최근 삼성 스마트폰은 일본시장에서 다시 반등의 기회를 잡았다. 2020년 11월 출하량 기준으로 삼성은 후지쯔, 교세라 등 일본 업체들을 제치고 애플, 샤프에 이어 3위에 올라선 것이다. 물론 애플이 50%대 점유율로 일본시장에서 부동의 1위 자리를 지켰지만, 삼성전자는 10%대로 올라섰다.

그러나 삼성 반등의 배경을 보면 씁쓸한 생각이 든다. 우선 2015년 갤럭시S6 이후로 스마트폰 뒷면에서 삼성의 로고가 사라졌다는 것이다. '메이드 인 코리아(Made in Korea)' 삼성이 일본에서는 판매에 도움이 안 된다는 일본 통신사들의 요청 때문이다.

또 하나 최근 일본시장에서 삼성 스마트폰 판매를 주도하는 기종은 프리미엄 전략폰인 갤럭시S 시리즈나 갤럭시노트가 아닌 20만 원대 저가폰(갤럭시 A20)이라는 점이다. 일본은 전 세계적으로 아이폰 등 비싼 스마트폰 구입이 가장 활발한 나라다. 스마트폰 평균 판매 가격(ASP)이 전 세계 1위다. 그런데도 글로벌 1위 삼성 스마트폰에 대해 주력 제품보다는 저가폰을 선호한다는 점에서 아직 일본 소비자들의 한국제품에 대한 평가가 높지 않음을 알 수 있다.

그럼 또 하나의 한국 대표기업인 현대자동차의 일본시장 도전기에 대해 살펴보자. 현대자동차가 일본시장을 처음 두드린 것은 2001년이었다. 도요타자동차 등 토종 업체들이 철벽 아성을 구축해 놓은 일본시장 공략에 나선 것이다. 일본 자동차 시장은 미국과 중국에 이어 3번째로 큰 규모를 자랑하며, 연간 500만 대의 자동차 판매가 이루어지는 곳이다. 그러나 현대는 일본에서 낮은 인지도와 저조한 판매량으로 고전하다가 오래 버티지 못한 채 2009년 철수하게 된다.

당시 일본시장에는 도요타, 혼다, 닛산과 같은 로컬브랜드가 무려 13개 이상 자리 잡고 있었으며, 여기에 다른 수입차와 경쟁까지 해야 하는 상황에서 인지도가 낮았던 현대가 살아남는 것은 무리였다. 또한 도로가 유난히 좁은 특성상 주차하기 수월한 소형차가 인기가 많은 일본에서 쏘나타, 그랜저 등 중형차급 이상을 판매했던 것도 주된 실패 요인이라고 평가받았다. 일본에서 해외 브랜드 차량을 구매하는 소비자들은 주로 독일 고급차를 선호했기 때문에 같은 수입차 위치에 있던 현대자동차에 대한 수요가 더욱 줄어든 점 또한 간과할 수 없다.

하지만 현재 세계 자동차 시장이 전기차와 같은 친환경 자동차 중심으로 재편되면서 그동안 꾸준히 관련 사업에 투자해 왔던 현대자동차에 다시 기회가 찾아오고 있다. 특히 현대는 2013년 세계 최초로 수소전기차 양산에 성공했으며 2017년 제네바 모터쇼에서 새로운 수소전기차 콘셉트카를 선보이는 등 수소전기차의 대중화에 많은 공을 들여왔다.

그런데 이와는 반대로 일본은 새로운 친환경 자동차 대신 하이브리드 모델 개발에 집중해 왔다. 특히 1996년 도요타 하이브리드 승용차 프리우스의 양산을 시작으로 하이브리드 분야에 집중한 결과 전기차 개발은 일본이 우리보다 상대적으로 뒤처졌다는 평가를 받고 있다.[8]

이에 최근 일본 언론에서부터 현대자동차가 수소전기차와 전기

---

8) 디자인해부학, 「'두 번의 실패는 없다' 친환경 모델로 다시 한번 일본시장 두드리는 이 브랜드」, (DA리포트, 2020.12.21).

차를 앞세워 10여 년 전 철수했던 일본시장에 다시 도전장을 낼 것이라는 보도가 나왔다.[9] 우선 현대는 2022년 일본시장에 수소전기차 모델인 넥쏘와 전기차 모델인 아이오닉5를 출시할 예정이다. 넥쏘는 디자인과 성능, 품질 면에서 일본 자동차와 비교해 충분히 경쟁력이 있다. 넥쏘의 주행거리는 일본식으로 계산해 800㎞를 갈 수 있어 같은 수소자동차인 도요타 미라이나 혼다 클래리티 수소차보다 주행거리가 길다. 아이오닉5도 20분 이내 급속 충전으로 500㎞ 이상 달리는 등 일본 전기차들과 비교해 기술 우위에 있다는 평가를 받는다.

현대 아이오닉5

현대로서는 과거 가솔린 엔진 차량으로 일본시장에서 성공하지 못했지만, 수소전기차나 전기차 메이커의 강점을 내세우면 새 브랜

---

9) 니혼게이자이신문(日本經濟新聞), (2020.12.19).

드 이미지로 일본 소비자들에게 다가갈 수 있을 것으로 판단한 것이다. 일본 정부가 구입 보조금을 올리는 등 전기차 보급 촉진 정책을 펴고, 수소충전소와 전기차 충전기 등 관련 인프라가 급속히 확충되는 것도 현대차의 일본시장 재진출 배경이라고 말할 수 있다. 현대차의 일본 재도전 결과가 주목된다.

☑ 무역적자 처방전은 소부장 국산화
& 대일 수출의 확대

일본으로부터 수입하는 소부장을 국산화해야 한다는 주장에는 이를 통해서 대일 무역적자를 줄여야 한다는 배경이 깔려 있다. 몇 십 년 동안 지속된 대일 무역적자를 해소하는 문제는 통상국가 대한민국에게는 최대의 숙원이었다.

그러나 소부장 국산화에만 의존해서는 그 문제가 절대 해결되지 않음은 지난 세월의 대일 무역적자 확대를 통해 증명됐다. 이유는 간단했다. 일본기술을 완전히 대체할 수 있는 국산 소부장 기술이 완성되지 않는 한 국내 기업들은 일본 소부장을 사용할 수밖에 없는 것이다. 소부장 기술수준의 높고 낮음이 자사 제품의 품질을 결정해버리기 때문이다. 그것은 우리 소비자들이 '노노재팬'을 외치며, 일본 맥주를 마시지 않고 일본 자동차를 타지 않는 문제와는 차원이 다르다.

또 하나 중요한 사실은 소부장 국산화에만 의존해서는 대일무역 적자가 해결될 수 없다는 점이다. 우리 제품을 제대로 만들어 일본으로의 수출을 늘려야 한다. 거기에는 휴대폰이나 자동차 등의 소비재뿐만 아니라 국산 소부장의 수출도 포함된다.

한국의 세 배 정도 내수 규모를 지녔으며, 지리적으로 가장 가까운 세계 3위의 일본시장은 우리에게도 무척 매력적인 시장이다. 그러나 그동안 일본시장의 폐쇄성과 함께 우리 자신의 기술적 열등감

으로 인해 일본시장을 적극적으로 두드리지 않았다. 하지만 이제
는 달라져야 한다. 보다 적극적으로 분석하고 준비하여 두드린다면
그 일은 결코 불가능한 일은 아닐 것이다.

아래 그림은 한국의 대일 수출구조가 최근 20년 동안 어떻게 변
했는가를 보여준다.

▼ 한국의 대(對)일본 수출구조의 변화

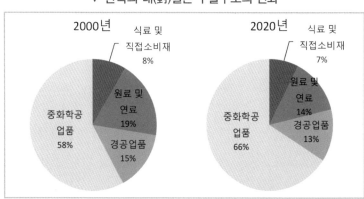

〈자료 : 관세청 수출입무역통계〉

전체적인 변화로서는 원료 및 연료, 경공업품의 수출 비중이 줄
고 중화학공업품의 비중이 늘었다는 점을 들 수 있다. 한국의 일본
에 대한 수출에 있어서 중화학공업품의 비중은 점차 확대되어 왔으
며 현재는 전체의 2/3 정도를 차지하고 있다.

한편 다음 그림은 최근 한국의 일본에 대한 중화학공업품 수출 내
역의 특징을 살펴보기 위해 대(對)세계 수출구조와 비교한 것이다.

▼ 중화학공업품에 있어서 한국의 대(對)일본 및 대(對)세계 수출구조 비교
(2020년)

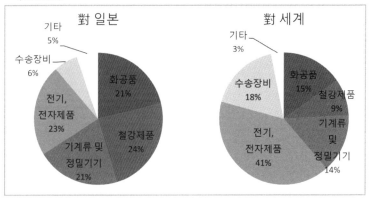

〈자료: 관세청 수출입무역통계〉

이를 통해 확인할 수 있는 대(對)일본 수출구조의 가장 큰 특징은 전기·전자제품과 수송장비에서 찾을 수 있다. 즉 한국의 최대 수출 효자품목이라고 하는 반도체나 스마트폰 등의 전기·전자제품에 있어서 한국의 대(對)일본 수출 비중은 대(對)세계 비중의 절반 정도에 머물고 있다. 그리고 자동차나 그 부품 등 수송장비에 있어서는 대(對)일본 수출 비중이 대(對)세계 비중의 3분의 1에 불과하다.

이 점은 전기·전자나 자동차 부문이 전 세계를 상대로 한 수출을 통해 한국 경제성장을 이끌어온 양대 부문이지만, 아직까지 우리가 일본시장은 열지 못했다는 사실을 시사한다. 특히 이 두 부문에 있어서 한국의 대일 수출의 대부분은 부품 등 소부장이라는 사실에 주목할 필요가 있다. 예를 들어, 2020년 전기·전자 제품에 있어서 한국의 대일 수출 총액 37억 3천만 달러 중 스마트폰이나 TV

등 소비자 대상 완성품이 차지하는 비율은 10%를 조금 웃도는 수준에 불과하다.

이 점은 앞에서 살펴보았듯이, 삼성이나 현대가 만드는 스마트폰이나 자동차 등의 소비재가 아직 일본에서 고전을 하고 있다는 이야기와 일맥상통한다. 따라서 앞으로 소부장 부문의 수출을 어떻게 늘리느냐도 중요하지만, 스마트폰이나 자동차 등의 소비재 부문에 있어서 얼마나 성과를 내느냐가 한국의 대일 수출 확대를 위해서는 매우 중요하다고 볼 수 있다.

일본이 한국으로 수출한 것에 비하면 아직까지는 한국기업들이 일본시장을 충분히 열지는 못했다. 하지만 앞으로 기존의 소부장은 물론이고 휴대폰이나 자동차 등 글로벌 시장에서 한국기업이 경쟁력을 확보한 부문에서 더욱 적극적으로 일본시장 공략에 나서야 한다. 일본시장에 대한 철저한 분석과 준비가 이루어진다면 충분히 성공할 수 있다. 한국은 대일 무역적자를 극복하기 위해 소부장 국산화에만 매달려서는 안 된다. 보다 적극적으로 일본시장을 두드려야 한다.

☑ 일본시장 진출이 어려웠던
이유 및 최근의 변화

지금까지 일본시장은 세계에서 가장 진입이 어려운 시장으로 불리어왔다. 그것은 일본의 소비자나 기업이 갖는 독특하면서도 배타적인 성격에 기인한다. 소비재와 소부장으로 나누어 일본시장의 특성을 살펴보자.

우선 일본 소비자들은 무척 까다롭기로 소문나 있다. 가격에도 민감하지만, 특히 품질을 중시한다. 자동차나 휴대폰 등의 내구 소비재라면 더욱 그렇다. 자신들이 사용해 보아서 품질을 평가하기도 하지만, 제품의 품질에 대해 오랜 기간 축적된 사람들의 평판을 중시한다. 그 평판이 제품에 대한 전통을 만들고 그 전통을 따르는 일본인들이 많다는 것이다.

예를 들면, 자동차 시장에서 도요타는 '품질의 도요타'로 불리며 특히 승차감이 좋다는 명성을 쌓아왔다. 이로 인해 도요타는 중장년층이 타기에 좋다는 전통이 만들어지며, 일본의 많은 중장년층은 자동차를 고를 때 도요타 매장부터 찾는다.

반면 혼다는 디자인이 세련되고 엔진출력이 좋다고 소문나 있다. 이러한 평판에는 과거 혼다가 세계 최대 자동차 경주대회인 F1(포뮬러원)에 참가해 선전했던 경험도 작용했는데, 그 결과 혼다는 젊은 이들에게 큰 호응을 받아 왔다.

광고 효과도 있겠지만 입소문을 타고 형성된 제품 이미지와 이에 따른 시장점유율은 일본 소비사회에서 좀처럼 변하지 않는다. 그만큼 외국기업들이 뚫고 들어가기가 어려운 것이다. 그 대상이 한국제품이라면 일본시장은 더욱 뚫기가 어려워진다. 일본 소비자들이 더욱 까다로운 잣대와 편견으로 제품을 평가하기 때문이다. 한국이 발전했으며 양국 경제 격차가 상당히 축소되었는데도, 한국제품을 한 수 아래로 보는 일본인들의 의식은 여전하다. 아직도 일본 소비자들은 삼성을 소니나 파나소닉의 아류라고 보고, 현대차의 품질이 일본 차보다 떨어진다고 본다.

한편 소부장 영역을 살펴보면, 삼성의 메모리 반도체와 같이 일본기업들도 다량 구입하는 경우가 있지만, 화학소재나 일반기계 부품 등의 분야에서 우리 제품이 일본시장에 진입하는 데에는 여전히 높은 장벽이 존재한다. 범용 소부장의 경우 한국의 대일 수출이 늘었지만, 고품질·고성능을 요하는 소부장의 경우에는 수출이 여의치 않다. 앞에서 보았듯이, 그 가장 큰 원인은 시장규모가 크지 않고 고도의 기술수준이 요구되는 소부장 영역에 있어서 존재하는 한일 간의 기술격차에 있다.

또 하나 중요한 것은 기업 간 관계다. 일본의 기업을 말할 때 가장 큰 특징은 무엇이든 장기에 걸쳐 이루어진다는 것이다. 기술개발 전략은 물론 기업 간 거래관계도 오랜 기간에 걸쳐 형성된다. 장기에 걸친 거래가 지분을 보유한 계열 내에서 이루어지는 때도 있고, 서로 지분이 없지만 오랜 거래로 원·하청 관계를 맺은 경우도 많다.

　기업 거래에 있어서 '신뢰'를 가장 중시한다는 일본이기 때문에, 오랜 기간 신뢰가 형성되지 못한 외국 기업에는 이것이 큰 진입장벽이 된다. 1980년대 자동차 부품의 대일 수출을 둘러싸고 미국과 일본 사이에 무역마찰이 심화할 때, 미국은 이러한 기업 관계를 커다란 비관세 장벽으로 지적했다. 하지만 일본은 장기에 걸친 기업 관계가 일본 고유의 상거래 관행이기 때문에 이를 문제 삼는 미국이 잘못이라고 맞받아쳤다. 이와 같은 기업 관계의 중요성이 한국기업에도 큰 진입장벽이 되었던 것이 사실이다.

　그런데 2000년대 이후 일본의 불황이 장기화하면서 일본시장의 성격이 조금씩 바뀌기 시작했다. 이러한 변화의 바람은 소비자들의 태도뿐만 아니라 소부장 관련 기업 관계 모두에서 불기 시작했다. 우선 소비재 영역에서는 일본인들의 'Japan as Number One' 의식이 점차 바뀌고 있다. 그것은 특히 전자 IT 제품에 있어서 크게 일고 있다. '일본에서 1등이 세계에서 1등'을 상징하던 소니나 파나소닉이 주저앉으며, 삼성전자나 LG전자 등 한국기업들이 급부상했다. 그 후 하이얼이나 화웨이 등의 중국기업들이 뒤따랐다. 이제 소비자들에게 전자 IT 제품을 판매하는 일본기업들은 세계 최고가 아니다. 이러한 변화를 일본 소비자들도 조금씩 받아들이게 된 것이다.

도쿄의 삼성 갤럭시 매장(©셔터스톡)

더불어 문화적인 힘도 작용했다. 2000년대 초 일본에서 드라마 〈겨울연가〉를 시작으로 불기 시작한 한류 열풍은 '디지털 한류'로 확장되어 2010년대 초 삼성 갤럭시S 돌풍을 몰고 왔다.

한국으로의 여행이 큰 폭으로 증가하고, 한국 화장품이나 패션에 관한 관심이 고조되면서 일본인들의 한국 그리고 한국제품에 대한 인식이 바뀌어 갔다. 기존에 '외제'하면 유럽과 미국 제품만 떠올리던 것에서 한국, 중국 제품으로, 말하자면 과거 아시아를 벗어나 구미로 향했던(脫亞入歐) 일본인들의 의식이 아시아로 돌아오기(脫歐歸亞) 시작한 것이다.

동시에 소부장 영역에서 기업 간 거래에도 변화가 일고 있다. 계열의 중요성이 강조되던 일본적 경제시스템이 후퇴하며, 2000년대 이후가 되면 탈(脫)계열화, 글로벌 조달, 모듈화와 같은 변화가 일본기업들 사이에서도 나타난 것이다. 일본기업들은 '잃어버린 10년'을 극복하는 과정에서 코스트 삭감을 위해 기존의 계열을 뛰어넘는 거래를 늘리고, 생산의 국제화로 해외기업으로부터의 부품 조달을 늘리고 있다. 또한 코스트 삭감을 포함한 경영의 효율화를 위해 부품의 모듈화[10]도 적극적으로 추진하고 있다. 이렇게 일본에서 진행되고 있는 변화는 한국기업에도 일본기업과의 거래를 확대할 수 있는 좋은 기회로 작용한다.

　그러나 이러한 변화는 일본기업들 모두가 같은 수준으로 변화하고 있다는 것을 의미하지는 않는다. 단지 이러한 변화는 주로 범용품의 영역에서 나타나고 있으며, 미세가공이 필요한 부품을 중심으로는 핵심 협력업체와의 결속력이 더욱 강화되고 있다는 사실도 이해할 필요가 있다.[11] 일본시장은 조금씩 열리고 있지만, 고성능을 요구하는 소부장 영역에 있어서의 장벽은 여전하다는 사실이다. 결국 이러한 장벽을 넘어서기 위해서는 우리 소부장 기술의 혁신 이외에 방법이 없다.

---

10) 부품 모듈화란 개별 부품들이 아니라 몇 개의 관련된 부품들을 하나의 덩어리로 생산해 장착하는 기술방식을 말한다. 예를 들면 자동차에 필요한 부품을 볼트나 너트의 단위가 아닌 엔진, 변속기, 섀시 같은 큰 단위의 조립품을 만들어 조립한다. 이러한 부품 모듈화가 확산됨에 따라 대규모 조립기업 입장에서 부품 모듈을 사내에서 모두 생산하기보다 외부에서 분산 조달하는 것이 더 유리해지게 된다.

11) 이우광, 『일본시장 진출의 성공비결, 비즈니스 신뢰』(한일산업기술협력재단, 2008).

☑ 일본시장 진출 확대를 위한
해결과제 및 가능성

일본이나 한국기업들은 패스트 팔로어(fast follower) 전략으로 캐치 업에 성공했다. 퍼스트 무버(first mover) 기업이 새로운 분야를 개척해 놓으면, 이를 벤치마크해 1위 기업보다 더욱 개선된 제품을 싼 가격에 내놓는 식이다. 1970년대에는 일본기업들이 미국·유럽 기업들에 대해, 1990년대 이후에는 한국기업들이 미국·유럽·일본 기업들을 대상으로 패스트 팔로어 전략을 효과적으로 구사했다.

그러나 일본이나 한국의 기업 모두에 이제는 패스트 팔로어 전략이 유효하지 못하다. 중국이나 인도 기업들이 치고 올라오고 있고 미국 혁신기업들의 지위는 여전하다. 퍼스트 무버가 되지 않는 한 성장이 어렵다는 사실은 2000년대 이후 일본 대기업들의 쇠퇴가 증명한다. 한국도 마찬가지다. 전 세계는 물론 특히 일본시장에 대한 진출 확대를 위해서는 일본기업들을 뛰어넘는 퍼스트 무버(혁신자)로서의 모습을 보여야 한다.

현실적 한계는 있으나 2010년대 초 삼성 갤럭시의 일본 판매 1위 달성은 앞선 기술과 디자인으로 무장한 한국산 소비재의 일본 성공 가능성을 보여준다. 앞으로 검증을 거쳐야 하겠지만 현대자동차의 일본 공략 계획은 수소전기차라는 새로운 분야의 혁신자로서 일본을 기술 측면에서 앞선다면 충분히 성공할 수 있을 것이라는 기대를 품게 한다.

소부장 영역 역시 퍼스트 무버가 되지 않으면 일본시장을 뚫을 수 없다. 일본 기업 간 거래가 줄어들고 부품 거래의 국제화가 진전되는 것은 다행스러운 일이다. 삼성과 같은 글로벌 기업에 있어서는 일본의 소재나 장비를 활용하며 반도체 기술혁신을 이끄는 퍼스트 무버로서의 입지 강화가 요구된다. 일반 소부장 기업들은 제품혁신 능력 향상과 함께 생산 현장에서의 공정기술 축적을 통해 '한국은 범용, 일본은 고급'이라는 틀을 깨뜨려야 한다.

일본시장은 1억3천만 명에 가까운 인구를 갖는 '세계 3대 시장'이라는 점 이외에도, 우리나라의 미래시장 모습이라는 점에도 주목해야 한다. 고령화가 빠르게 진행되어 헬스산업과 함께 실버산업이 주목받고 있고, 생산 현장뿐 아니라 생활 현장에서도 로봇이나 인공지능의 역할이 늘고 있다.

1997년 교토에서 세계 최초로 기후변화 협약체제를 발족시킨 나라인 만큼 환경문제에 관한 관심이 높고, 에너지 혁신 기술과 수소 등 저탄소 관련 산업이 발달했다. 그러므로 우리 기업들의 일본시장 공략은 단순한 수출 증대 이상의 의미를 지닌다. 즉 일본에서의 성공은 미래에 한국 시장에서의 성공을 보장한다고 말할 수 있다.

앞으로 한국기업들이 일본시장을 공략하는 데 있어서 수시로 분출되는 한일 갈등적 요소는 변수다. 단, 이번 갈등으로 한국에서 일본제품 불매운동이 벌어지는 것에 비해, 일본에서는 혐한 의식의 확대로 한국제품들이 영향을 받는다고 해도 아직은 심각한 상황이 아니다. 물론 앞으로 한일 양국이 갈등을 넘어서며 문화와 민간 교류가 다시 확대되면 한국제품의 일본 수출, 한국기업의 일본 진출이 더욱 탄력을 받을 것은 자명한 일이다.

일본과의 협력으로
동아시아 입지 확대

☑ 국익 우선의 동아시아·환태평양
경제통합 전략이 필요

TPP(환태평양경제동반자협정)는 아시아·태평양 지역의 관세철폐와 경제통합을 목표로 추진된 협력체제다. 미국과 일본이 주도하다가 보호주의를 주창하던 트럼프 전 대통령이 미국의 탈퇴를 선언하였다. 그러면서 총 11개국이 명칭을 CPTPP(포괄적·점진적 환태평양 경제동반자협정)로 변경한 후, 자국 내 비준을 거쳐 2018년 12월 30일 발효됐다.

애초에 한국도 TPP 가입을 검토했었다. 특히 미국과 일본 등 12개국에 의한 협상 타결의 가능성이 커지고, 일본의 TPP 참여가 승인된 2013년경부터 한국 정부도 가입을 적극적으로 검토했었다.

그러나 몇 가지 이유를 들어 가입하지 않았다. 가입 포기를 천명한 것은 아니었지만, 한국 정부는 이후 TPP 가입 여부에 대해 수년째 '검토 중'이라는 입장이다.

2013년 당시 가입을 미뤘던 배경에는, 한국으로서는 이미 TPP 가입국 가운데 일본과 멕시코를 제외한 10개 국가와 FTA를 체결한 상태여서, TPP 가입을 했을 때 큰 장점이 없다는 판단이 작용했다. 하지만 이 판단은 합리적이었다고 보기 어렵다. 왜냐하면 다자간 FTA에 참여하면 양자간 FTA에서는 누릴 수 없는 장점, 예를 들면 원산지 기준의 통일이나 공통의 통관기준 적용 등의 장점이 많다. 또한 가입국들로 구성되는 경제통합(블록경제)에 참여함으로써 얻게 되는 무역의 확대는 물론 외교적 영향력 확대 등의 경제외적 이익 또한 크다. 한국이 베트남, 인도네시아 등 개별 국가들과 FTA를 추진하면서 이들의 연합체인 ASEAN과도 FTA를 체결한 이유가 여기에 있다.

따라서 한국이 TPP에 가입하지 않은 근본적인 이유는 다른 곳에 있었다고 볼 수 있다. 우선 TPP 가입 시 농산물 시장 추가 개방 등 '비용'을 치를 수 있다는 점이다. 하지만 이미 미국, 호주 등 대표적인 농산물 수출국들과 FTA를 체결한 한국으로서는 이것을 이유로 들기에 논리적 설득력이 떨어진다.

결국 2013년부터 적어도 미국이 이탈한 2017년까지 한국이 TPP 가입을 계속 미뤄왔던 이유는 일본과 중국과의 관계 속에서 찾을 수 있다.

일본과의 관계에 있어서는 한국이 TPP에 참여하게 되면 일본과도 FTA를 맺는 효과가 나타나므로 국내 부품·소재산업이 큰 타격을 받을 것이라는 점이 부각되었다. 결론적으로 2004년 한일 FTA 협상을 중단시켰던 배경이 TPP 참여 논의에도 그대로 작용한 것이다. 이러한 상황에서 미일 주도의 TPP와 대척점에 있었던 RCEP(역내포괄적경제동반자협정)을 주도하던 중국을 의식한 목소리들이 분출했다. 한국의 TPP 참여를 중국이 강하게 반대할 것이라는 추측과 함께 '안보는 미국, 경제는 중국'이라는 설익은 논리 아래 RCEP 중심으로 가는 것이 한국 국익에 부합된다는 주장이 힘을 얻었다.

그러나 이는 우리 국익에 전혀 부합되지 않았다고 판단된다. 국익을 우선시했다면, 적어도 미국이 이탈하기 전에 한국도 TPP에 가입했어야 했다. '일본과 FTA를 맺으면 우리 손해'라는 인식에서 벗어나지 못하면 한국은 언제까지나 글로벌 경제통합 과정에서 뒤처질 것이다. 이 문제는 반드시 극복해야 한다. 오히려 초기에 한국이 TPP 협의 과정에 참여했다면 일본과의 협상 과정에서 민감 품목의 관세율 인하를 최대한 늦출 수 있었겠지만, 지금에야 참여한다면 그것이 어려워진다. 이미 일본 주도로 11개국이 합의한 개방조건을 우리가 받아들일 수밖에 없는 상황에 몰리는 것이다.

중국을 의식해서 TPP 가입을 미뤘다는 점도 크게 잘못한 것이다. 앞서 살펴보았듯이, 일본으로부터 양질의 자본재를 수입해서 생산한 중간재 및 최종재를 중국과 미국에 수출하는 한국 무역의 기본 구도는 이어지고 있다.

이 점을 고려할 때, 일본·미국과의 관계에서 얻는 우리나라의 경제적 이익은 중국으로부터 얻는 이익에 결코 못 하지 않는다. 또한 다자간 FTA로부터 얻는 이익에는 외교·안보 등의 경제외적 이익이 큰 비중을 차지한다. 중국과의 경제 관계가 중요하다고 하더라도 미국, 일본과의 외교·안보상의 관계 또한 중요한 것이다.

따라서 우리나라가 중국 주도의 RCEP을 중시하더라도 미일 주도의 TPP에도 당당하게 가입하는 것이 국익에 부합되었을 것이다. TPP를 주도한 일본이 왜 RCEP에도 가입했는가를 곰곰이 생각해 보아야 한다.

지금까지 통상국가 대한민국의 이익은 그야말로 전 세계를 향해 통상 마인드가 열려 있을 때 극대화되었다. 1980년대 말 냉전 종식과 함께 한국의 서방국가 위주의 통상 질서는 중국, 러시아, 중앙아시아 등으로 확장되었고, 우리 경제는 크게 도약했다. 그런데 오늘날에 와서 일본과의 관계나 미중 패권경쟁 등을 이유로 한국의 통상 영역이 줄어들거나 한쪽으로 치우치는 것은 국익을 심각하게 해치는 결과를 가져온다. 과거와 같이 한국의 통상이 오픈되기 위해서는 일본과의 관계 설정이 매우 중요하다. 일본을 배제하고 가는 것보다는, 불편하더라도 일본과 동행하는 것이 한국에 더 큰 국익으로 다가올 것이다.

☑ '포스트 코로나' 미중 패권경쟁 시대, 한일 협력이 중요

전 세계적 코로나-19 팬데믹, 미국의 정권 교체 등에 맞물려 잠시 쉬어가는 듯했던 미중 패권경쟁이 다시 불붙을 전망이다. 1년여의 무역전쟁 끝에 불안한 휴전을 맞은 미국과 중국이지만, 코로나 백신 접종의 진행과 바이든 민주당 정부의 적극적 외교를 계기로 미중 갈등의 골은 다시 깊어지고 있다. 하지만 이전에는 G2라 불리는 두 강국이 직접 맞부딪히던 갈등이었다면, 앞으로는 그 양상이 달라질 것으로 보인다.

미중 무역 분쟁(ⓒ셔터스톡)

포스트 코로나 시대의 패권경쟁은 서로 위험을 회피하자는 '탈동조화(decoupling)' 경향을 보이면서 전개될 것으로 예상된다. 지금까지 미중 관계는 서로 경쟁하면서도 상호의존적이었다. 불신 속 협력 관계를 유지했고 경쟁과 협력이 공존하기도 했다. 경제 관계가 그랬고 외교·안보 측면에서도 그랬다. 하지만 최근 그 양상이 바뀌고 있다. 직접 부딪히기보다 미중이 각기 세력을 형성해 상대를 제압하려고 한다. 과거 생존을 위해 다퉜던 미국과 소련의 진영 대결 구도처럼 바뀌고 있는 것이다.

그 전형이 나타나고 있는 것이 중국 주도의 RCEP을 견제하기 위해 CPTPP로 미국이 복귀하려는 시도이며, 광대한 세력을 형성해 가는 중국의 일대일로와 미국 주도의 인도·태평양 전략의 충돌이다. 그렇다면 특히 동아시아·환태평양을 중심으로 펼쳐지는 이러한 미중 세력화 패권경쟁에 대해 한국은 어떻게 대응해야 하며 일본과는 어떤 관계를 맺는 것이 요구될 것인가?

두 가지 중요한 사실을 확인해 보자. 우선 이 지역에서 미국과 중국의 충돌이 크게 일어나지 않는 것이 한국과 일본 모두의 국익에 부합된다는 사실이다. '안보는 미국, 경제는 중국'이라는 구도에 익숙한 한국은 물론이고, 확고한 미일 안보가 중요하지만 경제적으로는 중국에 더 다가가고 싶은 일본으로서도 중국과 미국이 충돌하는 것은 피하고 싶은 일이다.

또 하나 중요한 사실은 이렇게 미중이 충돌을 피하기 위해서는 동아시아에서 이 두 강국과 특수 관계에 있는 한국과 일본이 협력해야 한다는 점이다. 현재와 같이 한일이 경제나 외교·안보에 있어 사사건건 부딪쳐서는 미중의 충돌 가능성이 더 커질 수밖에 없다. 왜냐하면 한미일 공조를 강조하는 바이든 민주당 정부 입장에서 한일 갈등이 조기에 수습되지 않는다면 한국보다는 일본과의 협력을 강화할 가능성이 크다. 그렇게 된다면 '미일 對 한중'이라는 바람직하지 못한 대립 구도가 부각될 수 있고, 이는 동아시아에서 미중 충돌 가능성을 한층 높이게 된다.

한일 협력이 필요한 또 다른 이유는, 이를 통해서 미국과 중국을 움직일 협상력(bargaining power)을 키울 수 있다는 점이다. 한국과 일본이 각각 단독으로 미국과 중국을 상대하기보다는 협력하여 대응한다면 불필요한 충돌을 막음으로써 한일 양국 모두의 국익에 부합하는 결과를 가져올 수 있다.

이는 한미일 외교·안보 협력이나 한중일 경제 협력 모두에 있어서 통용될 수 있다. '동아시아 평화가 한국과 일본의 국익에 부합한다.'라는 인식을 공유하며 양국이 협력할 수 있다면, 이 지역에서의 미국의 외교·안보 전략이나 중국의 경제패권 확산에 대해 충분한 협상력을 발휘할 수 있는 것이다.

인류 역사를 볼 때 패권국가와 2등 국가의 경쟁은 불가피했으며, 전쟁으로까지 이어진 경우가 숱하게 많았다. 미국과 중국의 패권경쟁도 불가피한 일인 것이다. 그러나 두 강국의 지나친 충돌은 막을 수 있고 막아야 한다. 이렇게 미중의 강한 충돌을 완화할 수 있는 완충(buffer) 역할을 한일 협력체제가 할 수 있다.

이를 위해서는 해결해야 할 두 가지 과제가 있다. 우선 탈동조화 경향을 띠며 세력화를 추구하는 미중 패권경쟁의 흐름에서 과연 일본과 한국이 미국과 중국의 의중과 다르게 행동할 수 있을 것인가 하는 점이다. 일사불란한 팀워크를 바탕으로 하여 우월한 힘으로 상대 세력을 누르려는 패권경쟁의 속성상 한일이 협력하여 다른 목소리를 내기는 쉽지 않을 것이다.

그러나 그렇다고 미국과 중국의 대충돌을 지켜보고 있을 수만은 없다. 특히 중국으로 상징되는 대륙 세력과 미국으로 상징되는 해양 세력이 정면으로 충돌하게 되면 각 세력의 선봉에 있는 한국과 일본이 큰 피해를 볼 수밖에 없다. 때로는 미중의 전략과 배치되더라도 지역 평화와 번영에 도움이 된다면 한일은 협력해서 행동해야만 하는 것이다.

그렇지만 무엇보다도 쉽지 않은 점은, 반목과 불신을 이어온 한국과 일본이 과연 미중 패권경쟁의 완화와 서로의 국익을 위해 손을 잡을 수 있을 것인가 하는 것이다. 이를 위해서는 현재 한일 사이에 불거진 강제징용과 위안부 문제에 대한 현실적인 해결책을 조속히 찾아야 한다. 또한 향후에도 나타날 역사 갈등에 대해, 과거사와 경제·안보를 분리하는 투트랙(two-track) 대응을 한일 모두 철저하게 지켜나가야 한다. 이러한 대응을 전제로 양국이 노력한다면 한일 협력체제는 조금씩 진전되어 이 지역에서의 미중 충돌을 완화할 수 있을 것이다.

☑️ 한반도 문제 해결을 위해서는
일본 협력이 필수

　한국전쟁이 발발한 지 70년이 지나면서 남북 분단의 극복은 더욱 더 중요한 과제로 다가온다. 그동안 2000년과 2007년 그리고 2018년 세 차례에 걸쳐 남북정상회담이 열리면서 우리 국민은 큰 감동과 희망을 품었다. 그러나 최대 현안인 북한 핵 문제는 진전을 보지 못한 채 오히려 북한 핵 능력이 고도화되었고, 개성공단 등의 남북 경협은 중단된 채 세월만 흐르고 있다.

　문재인 정부는 한반도 평화 프로세스를 추진하면서 남과 북이 대화를 통해 신뢰를 구축하고, 이를 종전선언과 평화협정으로 이끌어 가고자 했다. 그 과정에서 우리 정부는 북미 대화를 적극적으로 주선했으나, 제대로 된 결실을 보지 못했다. 북미 간 대화가 막힌 것보다 한반도 문제를 둘러싸고 한미 간 대화의 초점이 어긋났다는 사실이 우리를 더욱 어렵게 한다. 문재인 대통령은 북한과의 조건 없는 대화를 통해 평화 체제 정착과 북핵 문제 해결을 추구했지만, 트럼프 전 대통령은 이를 지지하지 않았다. 비핵화가 우선적으로 실천되어야 북한과의 대화가 가능하다는 입장이었다.

　일본은 이러한 미국 입장을 전적으로 지지해 왔다. 오히려 미국이 북한과 대화를 시도할 때마다 일본은 더욱 강경한 태도를 미국에 주문했다. 지금까지는 미국 행정부의 대북 전략이 일본의 그것과 궤를 같이해 온 것으로 볼 수 있다. 정권 교체에 따라 새롭게 등장한 바이든 민주당 정부에서는 북한 비핵화에 대해 더욱 강경한 목소리가 나온다. 비핵화를 대화의 전제조건으로 하면서도 김정은 위원장을 만났던 트럼프와는 달리, 바이든은 비핵화에 진전이 없으면 북한과 대화를 하지 않을 것이란 전망이 많다.

또한 바이든 행정부가 중시하는 것은 동맹을 통한 북한 압박이다. 북핵 문제에 대한 대처로 한미일 3각 협력 강화를 강조하고 나선 것이다. 이런 때에 기존처럼 일본이 미국에 대북 압박의 필요성만 강조할 경우, 문재인 정부 임기 말 북미 비핵화 협상 재개와 이를 통한 남북 관계 복원이라는 한반도 평화 프로세스에 차질을 빚을 것은 자명해 보인다.

이에 최근 우리 정부가 "남북 관계 복원보다 한일 관계 복원이 먼저"라고 밝히며 한일 사이에 꼬인 실타래를 풀려고 적극적으로 나서려는 것은 늦었지만 다행스러운 일이다. 한편으론 이렇게까지 한일 관계가 악화하지 않도록 우리 정부가 진작 나섰다면 좋았을 것이라는 아쉬움이 크다.

한반도 문제를 풀어가는 데 있어서 일본의 협력이 필요하다는 점은 곧 미국을 움직이는 데 일본이 필요하다는 사실에서 기인한다. 그런데 한반도 문제 해결에 일본의 도움이 필요한 또 다른 이유가 있다. 장기적으로 보면 일본과 북한과의 관계 개선이 한반도의 평화와 번영에 크게 도움이 될 것이라는 사실이다.

장기화하는 북미 교착상태와 마찬가지로, 2002년 첫 북일 정상회담이 성사된 후 20년이 흘렀지만, 양국 사이에는 그 어떤 접점도 찾기 힘든 상황이다. 그러나 한반도와 주변 국가의 안정을 위해선 북미 관계만큼이나 중요한 것이 북일 관계라고 말할 수 있다. 대북 현안인 납치자 문제와 탄도미사일 발사 문제가 해결의 실마리를 찾아야 일본은 북한과의 관계 정상화에 나설 것이다. 또한 북미 관계와 함께 북일 관계의 개선은 최대 현안인 북핵 문제 해결에 도움이 될 것이란 점은 자명한 일이다.

북한으로서는 미국과의 관계 개선이 체제 안전에 대한 보장의 성격을 띤다면, 일본과의 관계 개선은 어려운 경제 상황을 타개할 동력이 될 수 있다. 2002년 고이즈미−김정일 정상회담 직후, 월 스트리트 저널은 북일 관계가 정상화된다면 북한은 일본으로부터 최소한 100억 달러, 많게는 200억 달러까지 배상금 형태의 지원을 얻어낼 것이라고 보도했다. 북한 경제 현대화의 종잣돈이 될 수 있는 규모이며, 그러한 상황이 도래한다면 한국과 중국으로부터 북한에 대한 막대한 투자가 이어질 것이다. 그렇게 되면 북한판 개혁개방이 시작될 것이라고 기대해 본다.

☑ 동북아 시대가 열리면
한국은 일본을 넘어설 수 있다

　동아시아에서 가장 먼저 선진국에 진입한 일본과 한국은 모두 태평양을 통해서 들어오는 문물에 힘입어 '경제 기적'을 달성했다. 19세기 후반 메이지 시대에 구미(歐美)로부터 태평양을 통해 문물을 받아들였던 일본에 비해, 한국은 20세기 후반 그 구미와 일본으로부터 기술과 제도를 도입했다. 그런데 21세기에 접어들면서 유럽과 미국이 주도하던 태평양 시대는 점점 그 전성기를 지나고 있다. 대신 중국과 러시아, 몽골 그리고 남북한 등으로 구성되는 동북아 시대가 서서히 열리고 있다.

　이 지역에는 광물이나 천연가스와 같은 풍부한 천연자원이 매장되어 있어 국가 간 자원·에너지 협력 가능성이 크다. 또한 시베리아철도를 통해 유럽으로 연결되며, 북극해를 통해 더욱 빠르게 극동과 유럽을 잇는 북극항로가 주목받고 있다. 자금 확보의 어려움을 겪어 왔지만, 북한, 중국, 러시아의 접경 지역인 두만강 유역을 미래의 교통·금융·관광의 중심지 및 가공공업 센터로 육성하고자 하는 다자간 경제협력사업도 추진되어 왔다.

　아직은 이러한 동북아 시대가 본격 개막되지는 않았지만, 장래에 그 시대가 열리면 "대한민국의 미래 먹거리는 북쪽에 있다."라는 말이 현실화될 것이다. 북한 문제는 우리에게 참으로 풀기 어려운 문제였고, 북쪽이 막혀 있어 한국은 '섬나라'의 숙명에서 벗어나지 못했다.

두만강 유역 개발 계획

그러나 그렇게 어려웠던 만큼 이 문제를 슬기롭게 풀어간다면 우리에게는 큰 도약의 가능성이 열릴 것이다.

일본과 비교해 보면, 태평양을 통해 발전한 일본은 아직도 태평양 시대에 만족하고 있는 것에 비해, 한국은 북한과 수많은 관계 속에서 북쪽에 대해 더 많은 관심을 보여왔다. 일본에서는 태평양을 향해 있는 도쿄나 오사카 등이 발전한 반면, 북쪽을 바라보고 있는 니가타, 도야마 등의 지역은 '낙후된 뒤쪽 일본'이란 의미로 우라니혼(裏日本)이라 불러왔다. 서울을 비롯한 수도권이 한국의 최북단에 위치한 것과 대조적이다.

한반도 평화를 열기 위해서는 미국과 중국은 물론 일본과의 협력이 필수적이다. 하지만 한반도 문제를 해결하며 '섬나라' 한국에 북쪽 세상이 열린다면 일본보다 한국이 더 크게 도약할 가능성이 열릴 것이다. 미래 한국이 종합적인 국력에서 일본을 넘어서는 날은 아마도 그 시대에 가능하지 않을까 생각한다. 동북아 시대가 열리게 되면, 한국은 북한과의 경제통합과 북쪽을 향해 열려 있는 국민들의 마음을 모아 일본을 넘어서게 될 것이다.

동행과 극복을
실천한 지도자들

 1945년 일제 치하에서 대한민국이 해방된 직후 '일본'이란 나라
는 우리 민족에게 증오의 대상이었다. 일제 강점기 때 친일을 했느
냐 독립운동을 했느냐가 인물을 평가하는 핵심 기준이었다. 1948
년 제1공화국 수립 이후 4·19혁명을 거쳐 산업화 시대로 빠르게 진
입하면서도 친일 대(對) 반일 프레임은 이어졌다.

경기고등학교 한일회담 반대 학생 운동(©대한민국역사박물관현대사아카이브)

 해방 후 20년 만에 다시 일본과 국교 정상화를 체결하는 과정도
순탄치 않았으며, 굴욕적인 수교에 반대한다는 시위가 전국을 뒤
덮었다. 군사정권을 거쳐 민주화가 된 이후에도 일본은 우리에게

'가깝고도 먼 나라'로 남아 있으며, 정권이 바뀔 때마다 일본과는 역사나 영토 분쟁을 거듭해 왔다. 급기야 현 문재인 정부에서는 경제와 안보 분야에까지 갈등이 확산되어 한일 마찰이 최고조에 달한 느낌이다.

　민족의 아픈 기억이 아직도 남아 있는 상황에서 우리 국민들이 반일 감정을 갖는 것은 당연한 일이다. 스포츠 경기에서 일본만은 이겨야 한다는 감정 또한 자연스러운 것이다. 이러한 국민 정서 속에서 특히 정치지도자라면 '일본'을 이야기할 때 많이 조심스러웠을 것이다. 국민의 반일 정서를 이용하려는 지도자의 언행은 정권 유지에 도움이 되었겠지만, 그것에 역행하는 언행을 하기는 매우 어려웠을 것이다.

　그런데 우리 현대사를 조망해 볼 때 "일본과 동행을 하는 것이 우리 국익에 부합하고 일본을 넘어서는 길이다."라고 외친 두 명의 지도자가 있었다. 바로 박정희와 김대중이다. 한국의 현대사에서 이 두 정치적 거목만큼 상반된 평가로 얼룩진 인물도 없을 것이다. 이 하에서는 그러한 수많은 평가에 대해서는 언급하지 않고, 오로지 일본과의 관계 속에서 어떻게 동행하고 극복하려고 했는가에 초점을 맞추고자 한다. "역사는 용기 있는 자의 것이다."라는 말처럼, 두 지도자가 수많은 번민 끝에 내렸을 일본과의 동행과 극복의 역사에 대해서 살펴보고자 한다.

☑ 박정희 – "한국과 일본이 내내 등을 지고 살 수는 없다"

① 한일 국교정상화의 배경과 갈등, 박정희의 선택

한일 국교정상화를 위한 양국 간의 외교교섭인 한일회담은 1952년 2월부터 1965년 6월 22일 한일기본조약(한일협정)이 타결되기까지 14년간 총 7차례에 걸쳐 열렸다. 이승만 정부와 일본의 요시다 시게루(吉田茂) 정부 사이에 시작된 한일회담은 그 후 4·19 혁명에 의한 자유당 정권의 붕괴, 5·16 군사쿠데타로 인한 장면 민주당 정부에서의 5차 회담 중단 등 수많은 우여곡절을 겪었다.

1961년 집권 이후 박정희 정부 아래에서 6차와 7차 한일회담이 열렸는데, 이 회담에서는 재일한국인 법적 지위, 청구권, 어업 협정, 문화재 문제 등이 주요 의제로 다루어졌다. 미국의 원조가 대폭 삭감된 상황에서 경제개발계획에 따른 대규모 투자재원을 확보해야 했던 박정희 정부는 일본 자본의 유치라는 절박한 필요성에 따라 한일회담의 조속한 타결에 전력을 집중했다. 이러한 박정희 정부의 방침은 일본을 동맹 세력으로 하여 한반도의 안정화를 꾀하고 중공을 견제하려는 미국의 동아시아 전략 및 일본 자본의 해외 진출 욕구와도 맞아떨어지는 것이었다.

그 당시 동서 냉전체제 하에서 한일 국교정상화는 필연적이었다. 미국이 보호하고 있는 자유세계에 속하는 한국과 일본은 아시아 지역에서 공산주의 세력의 팽창을 저지하고, 자유세계 국가들의 평

화와 번영을 성취하기 위해 과거의 원망(怨望)은 묻어두고 군사적
으로, 경제적으로 새로운 협력 구조를 형성해야 할 긴박한 필요성
에 직면해 있었다.

특히 미국은 아시아 태평양 지역에서 한미일 3국이 공유하고 있
는 공통의 이해와 위기를 분명하게 인식하고 3국 공통의 필요를 충
족시키기 위해 한일 두 나라에 국교를 조속히 정상화하도록 권고하
고 압력을 가했다. 그러므로 한일회담을 타결하게 된 가장 큰 요인
은 결코 한미일 3국 지도자들의 '선의'나 '우정'이 아닌, 3국이 공동
으로 인식하고 있는 안보와 경제 위기였으며, 이 위기에 공동으로
대처해야 한다는 '이해의 일치'였다.[12]

따라서 박정희 정부는 한일 국교정상화를 통해 분단국가 한국의
안보 리스크를 경감시키고, 경제발전의 기반을 마련하려 했다고 볼
수 있다. 국교정상화와 함께 일본 정부는 청구권자금이라는 명목
으로 한국에 무상 3억 달러, 유상 공공차관(재정차관) 2억 달러, 기
타 민간(상업)차관 3억 달러를 제공했다.

8억 달러라는 금액을 두고 식민지 지배로 받은 고통에 비하면 너
무 적은 것이 아니냐는 비판도 있었으나, 이 금액은 그 당시 우리
정부 예산의 87%에 해당하는 적지 않은 규모였다. 박정희 정부 초
기에 이 자금은 긴요하게 쓰였는데 주로 포항종합제철소 건설이나

---

12) 심융택, 『실록 박정희 경제강국 굴기 18년 – ⑤ 개혁 개방 도전』(동서문화사,
    2015) 제2장 참조.

철도 시설의 개량, 경부고속도로 건설 등 경제 재건에 투입되었다.[13]

이승만, 장면, 박정희 정권 14년을 거치며 이어진 한일회담에 대해서는 숱한 반대가 있었다. 특히 1964년 1월 10일 발표한 연두교서에서 박정희 대통령이 한일 국교정상화를 조속히 실현하겠다는 뜻을 밝힌 것을 계기로 야당과 재야 세력, 대학생들은 격렬한 반대 투쟁을 전개했다. 이들은 한일회담을 굴욕 회담이자 매국 외교라고 공격하며 시위를 이어갔고 3월에는 전국에서 약 8만 명의 학생과 시민이 참여한 3·24 시위가 일어났다.

급기야 6월 3일에는 1만여 명의 학생시위대가 '박정권 물러가라'는 구호를 외치며 결사적인 시위를 했다. 3월 24일부터 시작된 학생시위의 구호는 '한일회담 반대', '굴욕외교 반대', '학원자유 수호'로 바뀌면서 나중에는 '정권 타도'로 귀착된 것이다. 6월 3일 밤 정부는 서울 일원에 비상계엄령을 선포했다. 이것이 세칭 6·3사태다.

서울대학교
한일회담 반대
학생 운동(6·3사태)
(ⓒ대한민국역사박물관현대사아카이브)

---

13) 권오경, 「상호이익의 한일무역 50년」, 『일본공간』(국민대학교 일본학연구소, 2015).

이러한 상황에서 박정희 대통령이 취할 수 있는 대응책은 두 가지였다. 하나는 반대 세력의 저항에 굴복하여 한일 국교정상화를 포기하는 것이었고, 또 하나는 반대 세력의 저항에도 불구하고 한일 국교정상화를 추진하는 것이었다. 박정희는 후자의 길을 선택했다.

지나간 역사를 거꾸로 가정하는 것은 의미가 없겠지만, 만약 그때 박정희가 한일 국교정상화를 포기했다면 그 후의 대한민국 역사는 어떻게 바뀌었을까? 시간이 한참 지나서 일본과 국교가 맺어졌을 가능성이 크다. 그렇지 않고 만약 지금까지도 일본과 국교를 맺지 않았다면, 미국과의 관계나 한반도 정세 변화 속에서 우리나라의 경제와 안보 상황은 어떻게 되었을까?

그 당시 수많은 반대가 있었고 한일기본조약 중 청구권 협정 등에 한계가 있었음에도 불구하고, 필자는 박정희가 일본과의 관계 정상화를 선택한 것은 한국의 미래를 위해 불가피했다고 생각한다. 과거 일본이 우리나라와 민족에게 저지른 침략과 온갖 만행을 생각하면 그 나라와 다시 손을 잡기는 쉽지 않았을 것이다. 그러나 박정희 본인의 이하 글을 통해서 확인할 수 있듯이, 박정희는 일본과의 동행을 선택할 때 비로소 우리나라의 안정과 번영의 기틀이 마련될 것으로 믿었다고 생각한다.

"이제 한일 국교정상화는 피차의 이익이나 태평양을 둘러싼 국제 정세의 급박한 추이 등으로 더 이상 끌 수 없는, 해결을 지어야 할 단계에 서 있다. 〈…중략…〉 본인이 여기서 명확히 하고 싶은 것은,

일본이 완전한 자유세계의 일원으로, 진심으로 회개하고 당면한 내외 정세와 관련하여 한국에 협조한다면 불유쾌한 과거의 상처는 재론하지 않겠다는 것이다. 〈…중략…〉 양국이 이렇게 내내 서로 강을 사이에 두고 떨어져서 살아갈 수는 없는 일 아닌가. 자유 태평양을 보전하기 위해, 그리고 아시아 10억 인구의 내일을 위해 서로 간 등을 지고 살 수는 없는 일이다."[14]

② 일본 자본·기술을 활용한 포항제철, 일본을 넘어서다

한일 국교정상화를 통해 청구권자금이라는 명목으로 1966년부터 1975년까지 일본으로부터 5억 달러의 자금이 유입되었다. 이 자금은 농림업, 수산업, 광공업, 과학기술, 인프라스트럭처 등 광범위한 분야에서 사용되었다. 각 부문의 사업은 한국의 경제발전을 추동하는 기반이 되었다.

같은 기간 동안 이 자금에 의한 고정자본 형성 기여도는 제조업 3.9%, 건설업 3.8%, 농림수산업 3.7%, 전기·수도 21%, 운수·통신 1.0% 등이었다. 그리고 총 자본재 수입 중에서 일본 자금의 비중은 연평균 3.2%였다. 특히 1966년에는 28.0%, 1967년에는 10.7%에 달했다. 1966년부터 1975년까지 국민총생산에 대한 일본 자금의 기여도는 연 1.04~1.61%였다. 청구권자금은 국민총생산 성장률에 최저 1.11%(1970년)에서 최고 1.73%(1975년)까지 영향을 미쳤다. 이 수치만큼 경제성장률이 상승했다는 의미다. 단기적 경상수지 개선 효

---

14) 박정희 저·남정욱 풀어씀, 『국가와 혁명과 나』(기파랑, 2017), 제6장.

과는 연평균 4.3%였으며, 무역수지에 대한 경상수지 개선 효과는 연평균 7.7%였다.[15]

이렇게 국가 경제 전체에서 나타난 효과도 컸지만, 한일 국교정상화를 통해 우리 경제가 얻은 최고의 수확은 포항제철이 아닐까 생각한다. 어느 나라든지 어려운 경제 상황에서 다시 일어서기 위해서 가장 시급한 것은 '철'의 확보다. 철은 '산업의 쌀'이다. 철이 있어야 기계도 만들고, 건물도 지으며, 공장도 만든다. 철이 없으면 기업은 물론 경제가 돌아가지 않는다. 그래서 일본도 태평양전쟁 패전 직후인 1947년 경제 재건을 위해 가장 먼저 한 것이 철강 생산이었다. 경사생산방식이란 정책을 실시하여 대규모로 확보한 석탄을 우선적으로 제철소에 투입하여 철을 녹여냈던 것이다.

유럽도 마찬가지였다. 오늘날의 유럽 경제통합의 역사에서 최초로 각국이 손을 잡은 이정표는 유럽석탄철강공동체(ECSC)였다. 이는 1950년 프랑스의 외무장관 로베르 슈만(Robert Schuman)이 제창한 프랑스·독일 석탄철강공동시장 설립안에서 비롯되었는데, 철을 통해서 프랑스와 독일의 미래 충돌을 막고 유럽 통일국가의 기틀을 마련하기 위한 것이었다.

이렇게 오늘날 모든 경제의 출발점에 철이 있었다. 한국도 마찬가지였다. 경제개발을 최우선 목표로 집권한 박정희 대통령으로서는 무엇보다 시급한 현안이 철 생산기반을 마련하는 것이었다. 그래서

---

15) 정재정, 『주제와 쟁점으로 읽는 20세기 한일 관계사』(역사비평사, 2014), 제2장.

일본과의 국교정상화를 통해 얻은 청구권자금을 우선적으로 포항
제철 건설에 투입한 것이다.

포항제철 강판(Steel Plate)공장 건물 공사(©국가기록원)

애당초 우리나라 제철소 건설이 실현가능성 있는 정책으로 구체
화되기 시작한 것은 경제기획원이 출범하면서부터였다. 1965년 7월
경제기획원이 입안한 '종합제철소 건설계획안'이 경제장관회의를 통
과하면서 비로소 '제철입국(製鐵立國)'을 향한 구체적인 행보가 시작
되었다. 경제기획원은 연산 100만 톤 규모의 제철소를 건설하되 자
금부담을 고려해 1기 50만 톤, 2기 50만 톤 규모로 나누어 건설하
는 방안을 박정희 대통령에게 보고했다. 관건은 자금조달이었다. 제
철산업 전망이 극히 불투명하다는 국내외의 반대 여론을 극복하고
어떻게 건설자금을 조달할 수 있을지가 과제였다.

　정부 차원에서 차관교섭에 나설 수밖에 없는 상황이었다. 이 같
은 정부의 노력에 힘입어 1966년 12월 6일 미국 제철 설비 회사인
코퍼스사를 중심으로 'KISA(Korea International Steel Associates, 대한국제

제철차관단)'가 발족했다. 이 컨소시엄에는 서독의 지멘스, 영국의 웰먼, 이탈리아의 임피안티 등 5개국 8개 제철 관련 회사들이 참여했다. KISA에 참여한 업체들은 한국에 제철소 건립을 위한 차관을 주선해 주는 대신 종합제철 건설에 필요한 설비를 한국에 판매하겠다는 목적을 갖고 있었다.

박정희 대통령, KISA 대표단 면담(©국가기록원)

1967년 10월 3일 포항시 교외 영일군 대송면에서 포항제철 기공식이 거행됐다. 황량한 모래벌판을 세계 굴지의 제철공업단지로 탈바꿈시키는 '영일만 드라마'의 제1막이 오른 것이다. 이듬해인 1968년 3월 20일 포항제철은 창립총회를 열고 재무부와 대한중석이 각각 3억 원과 1억 원을 자본금으로 출자, 상법상의 주식회사로 공식 출범했다. 창설 요원은 박태준 사장 등 임원 8명과 직원 31명으로 구성됐다.

회사 창립 후 박태준 사장과 박충훈 부총리 등은 KISA를 통해

제철소 건설용 차관을 조달하려고 4년여에 걸쳐 동분서주했으나 결국 수포로 돌아갔다. 자금 지원에 대한 미국의 소극적 태도와 1969년 3월 국제부흥개발은행(IBRD) 조사단의 극히 부정적인 내용의 보고서가 결정적이었다. '한국경제의 외채상환 능력과 산업구조 등을 고려할 때 일관제철소 건설은 타당성이 없고 시기상조'라는 게 골자였다. 제철소 건설보다는 차라리 미국이나 일본으로부터 철강재를 수입해서 쓰는 것이 타당하다는 주장이었다.

KISA가 와해되자 박정희는 중대 결정을 내렸다. 1969년 5월 22일 박 대통령은 청와대에 박충훈 부총리, 김정렴 상공장관, 박태준 포철 사장 등을 불러 제철소 건설과 관련한 방향 전환을 지시한다. "종합제철소 건설 계획을 외국기관에 일임한 채 결과만 기다리는 태도를 버리고, 우리 자체의 안을 만들어 외국 투자기관을 설득하라."라는 것이었다. 국가 중대사안의 성패를 외국기관 결정에 맡겨두는 수동적 자세에서 벗어나 현실성 있는 독자개발 방안을 마련하라는 특명이었다.

KISA를 통한 차관 공여가 실패하면서 새로운 대안으로 부상한 것이 일본 자금을 활용하는 방안이었다. 당시 일본이 한국에 주기로 한 청구권자금 중에서 농림수산 분야 자금을 제철소 건설 자금으로 전용하자는 발상이었다. 대일 청구권자금 전용 아이디어는 박태준 사장이 처음 제기했다. 외자도입을 위해 미국 코퍼스사를 방문했다가 절망적인 답변을 받고 귀국길에 오른 박 사장이 '대일자금 전용' 아이디어를 떠올리고는 곧바로 일본으로 날아갔다는 것이다.

처음에 일본 정부는 청구권자금 전용에 대해 경제적 타당성과 재정 상태 등을 이유로 난색을 보였다. 특히 통상산업성(통산성)은 한국에 제철소를 건설할 경우 향후 자국과 경쟁 관계를 형성할 수 있다는 점에서 우려를 감추지 않았다. 일본을 상대로 한 교섭에는, 박태준의 민간 차원의 비공식 교섭과 경제기획원의 정부 차원의 공식교섭이 동시에 진행되었다. 박태준은 1969년 2월부터 일본 내 두터운 정재계 인맥을 활용하며 야하타 제철(八幡製鐵)과 후지 제철(富士製鐵)의 사장에게 협력을 요청했고, 정부 차원의 교섭은 경제기획원 관료들이 일본 대장성과 통산성, 외무성 관료들을 설득했다.[16]

1969년 8월 박태준 사장은 정부 실무교섭단을 이끌고 다시 일본을 방문해 다음과 같이 설득했다고 한다. "일본은 청일전쟁 후 군비의 기초를 확립하고자 12만 톤 규모의 야하타 제철소를 건설할 당시 채산성을 문제 삼지 않았다. 일본은 1인당 국민소득 50~60달러일 때 제철소를 시작했는데, 한국은 지금 200달러에 육박하니 못할 것도 없다."[17]

마침내 일본 정부는 8월 22일 각의를 소집하고 26일 개막되는 한일 각료회담에서 한국의 종합제철 건설에 협력하기로 의견을 모았다. 민관 합동 설득 작전이 성과를 거둔 것이다. 그해 12월 김학렬

---

16) 류상영, 「박정희시대 한일 경제 관계와 포항제철」, 『일본연구논총』(현대일본학회, 2011).

17) 이종석, 「'영일만 신화' 박태준과 포항제철」(조선비즈, 2011.12.14).

178 일본 동행과 극복

부총리와 주한 일본대사 간에 종합제철 건설을 위한 한일 기본협약이 체결되었다. 내외자 2억 달러를 들여 103만 톤 규모의 종합제철소를 건설하며, 외자 1억 2,370만 달러 중 청구권자금으로 7,370만 달러, 일본 수출입은행 차관으로 5,000만 달러를 각각 조달한다는 내용이었다.

1970년 4월 1일 마침내 포항제철 1기 설비가 착공되고, 3년 후인 73년 6월 9일 첫 화입식(火入式)이 거행됐다.

1973년 포항제철소 1기 용광로
화입식 당시 박태준 사장(©국가기록원)

이후 제선, 제강, 압연 등 총 22개 공장 및 설비로 구성된 종합제철 일관 공정을 모두 마무리하고 1973년 7월 3일 마침내 포철 1기 설비가 종합 준공됐다. 무자본, 무경험, 무기술 상태에서 허허벌판을 현대식 제철공장으로 탈바꿈시킨 '영일만 신화'였다. 연인원 581만 명이 동원됐고, 건설자금은 경부고속도로의 3배가 넘는 1,205

억 원이 투입됐다.[18]

1973년 포항제철의 고로에 쇳물이 처음 흐르던 날, 작업복 차림에 헬멧을 쓰고 만세를 부르던 당시 현장에는 일본 후지 제철과 야하타 제철 기술자들도 함께 있었다고 한다. 제철보국(製鐵報國)의 책임을 맡았던 박태준은 일본 철강사들을 두루 방문해 건설자금은 물론이고 도면 설계부터 기술까지 도움을 끌어냈다. 수많은 일본인 기술자가 현장 인력이나 기술고문의 형태로 포항제철 건설에 힘을 보탰다. 그중에는 포항제철 고로 1호 설계와 건설을 주도한 재일동포 공학자 김철우 박사도 있었다.[19]

박정희 대통령 포항제철 2호기
화입식 참석(©국가기록원)

한국의 고도성장과 함께 급성장한 포항제철은 1990년대 이후가 되

18) 이건우, 『실록! 한국경제⑦ '영일만 신화' 포항제철』(블록미디어, 2019).

19) 도쿄공업대학과 도쿄대학 대학원을 졸업한 김철우 박사는 박태준 사장의 요청으로 포항제철 설립과정부터 참여해 일본기술의 도입과 종합제철소에 필요한 공정 구성 등 철강 기술 관련 전 분야에 걸쳐 주도적 역할을 했다. 지금도 포항제철에서는 "포항제철의 사령관은 박태준이었지만 기술적인 측면에서 포항제철을 건립한 사람은 김철우였다."라고 회자되고 있다. [이대환, 『광복 70년 대한민국의 위대한 만남, 박정희와 박태준』(아시아, 2015).]

면 일본의 신일본제철(야하타 제철과 후지 제철 합병)과 조강생산량 규모에서 세계 1위를 놓고 치열하게 경쟁하는 위치에 올랐다. 1998년과 99년에는 포항제철(현 포스코)이 1위를 차지했고, 2000년에는 다시 신일본제철, 2001년에는 다시 포항제철이 1위를 탈환하는 식이었다.

현재는 유럽이나 중국 업체에 1위를 내주었지만, 포항제철은 여전히 세계에서 가장 경쟁력 있는 철강사로서 최고의 수익률을 자랑한다는 평가를 받는다. 포항제철은 세계 최초로 친환경 파이넥스 상용화 설비 준공(2007년), 세계 최대 700㎜ 두께의 철강 반제품인 슬라브의 상업 생산(2018년) 등, 기술 측면에서도 일본을 넘어섰다는 평가를 받는다.

국내의 수많은 반대를 무릅쓰고 박정희는 일본과의 국교정상화에 나섰다. 그리고 어렵게 일본의 자본과 기술의 도움을 받아 제철입국에 도전했다. 그렇게 해서 만들어진 철강은 국내 제조업의 초석이 되었고 해외로 수출되었다. 그리고 불과 30년 만에 포항제철은 한국을 세계 굴지의 철강 대국으로 끌어올리는 견인차 역할을 담당하며 일본을 넘어섰다. 포항제철은 그 자체로 한국 경제개발의 초석이자 동시에 금자탑이었다.

☑️ 김대중 – "한일 관계를
미래지향적으로 이끌어 나아가자"

① 김대중의 대일 실용외교와 한일 파트너십 선언

김영삼 대통령은 취임 3년 차 '역사 바로 세우기'의 일환으로 일제의 상징 옛 조선총독부 건물 철거를 지시했다. 그 당시에도 일본군 위안부와 독도 문제를 둘러싸고 한일 간 감정이 고조된 상황이었다. 조선총독부가 사라지면서 그동안 오욕의 세월을 보낸 경복궁이 모습을 드러냈다. 조선총독부가 철거되던 중 당시 일본 총무청 장관 에토 다카미(江藤隆美)는 "한일합방으로 일본이 좋은 일도 했다."라는 망언을 했다.

그때 김영삼은 "일본의 버르장머리를 고쳐놓겠다."라고 발언했는데 일본 언론들은 이 말을 어떻게 해석할지 몰라 당황했다고 한다. 실제로 당시 필자가 교토대학에서 유학할 당시 한국어를 할 줄 아는 일본인 동료가 '버르장머리'가 도대체 무슨 뜻이냐고 물었다. 그때 '주로 할아버지가 손주의 못된 버릇을 나무랄 때 하는 말'이라고 답했던 기억이 난다.

당연히 이 발언으로 그렇지 않아도 안 좋았던 한일 관계는 얼어붙었다. 당시 일본 정부는 "누가 누구의 버릇을 고치는가 두고 보자."라고 벼르며 1997년 외환위기 때 묵은 감정의 분풀이를 했다고 전해진다. 그때 일본 은행들은 한국에 빌려준 대량의 단기외채를 회수하기 시작하여 국내에는 외화가 바닥나고 있었다. 김영삼 정부가 일본에 다급히 도움을 요청하자 일본 정부는 매정하게 이를 거절했고, 결국 한국은 IMF 관리로 넘어가게 되었다.

이런 혼란 상황 속에서 당선된 김대중 대통령이 취임할 당시 한일 관계는 무척 좋지 않았다. 따라서 대통령이 된 이후 김대중은 항상 "한일 관계를 미래지향적 방향으로 이끌어 나아가자."라고 말하며 관계 개선에 노력했다.

구체적으로는 일본인들의 오랜 관심사이자 현안이었던 일본문화 개방을 결정하는 정치적 리더십을 발휘하였다. 또 위안부 문제에 대해서도 제2차 보상금을 지급함으로써 위안부 개인보상은 한국이 하되, 일본 정부에는 공식적인 사죄를 요구했다. 김대중 대통령의 결단은 일본 측의 대담한 양보를 얻어냈고, 동시에 많은 일본인들의 감동을 불러일으켰다.

그는 고이즈미 총리의 신사참배 이후에도 정상회담을 거부하지 않았다. 원칙을 강조하면서도 실용성과 유연성을 발휘함으로써 한일 관계의 보다 나은 미래를 지향하였다. 김대중 대통령은 한일 관계, 남북 화해, 동아시아의 미래를 향한 새로운 공동과제를 설정함으로써 일본에 한 발짝 더 나아가는 담대함을 보여주었다.

그의 시야는 동북아에 머물지 않았다. 그는 ASEAN+3, 동아시아정상회담을 제안하였고, 한중일을 하나로 묶는 정치적 리더십을 발휘함으로써 동아시아의 화해와 번영을 실천하고자 하였다.

김대중 대통령의 실용적 태도는 1960년대 이후 한일회담에 관한 입장을 통해 일찍이 엿볼 수 있었다. 그는 적극적으로 한일 국교정상화를 지지했다. 그리고 한일 양국이 국교를 수립하여 양국민이 과거를 청산하고, 호혜평등의 원칙에서 새로운 역사를 개척해 나가는 것이 한국의 안보와 경제에 필요하다고 강조하였다. 그는 1965년 한일 국교정상화를 앞두고 당시 야당 정치인으로서 많은 비판을 받았음에도 불구하고 찬성 입장을 견지했다.[20]

▼ 21세기의 새로운 한일 파트너십을 위한 행동계획

1. 양국간 대화채널의 확충
△정상간 교류의 긴밀 정례화 △외무장관 및 여타 각료간 교류의 긴밀화 △각료간담회 △의원교류(의원연맹활동 포함) △초임 외교관의 상호파견

---

2. 국제사회의 평화와 안전을 위한 협력
△국제연합에서의 협력 △군축 및 비확산 문제에 있어서의 협력 △한일 안보정책 협의회 △한일 방위교류 △다자간 지역안전보장 대화에 있어서의 협력 △남북 관계 개선 및 한반도의 평화와 안정 유지를 위한 협력 △대북정책에 관한 한일 정책협의의 강화 △북한 핵무기 개발 억지를 위한 협력 △아시아 유럽 정상회의(ASEM)에 있어서의 협력

---

20) 양성철·이상근 엮음, 『김대중 외교 – 비전과 유산』(연세대학교 대학출판문화원, 2015), 제13장 참조.

3. 경제분야에서의 협력관계 강화

△자유롭고 번영된 세계 경제의 실현을 위한 협력 △양국간 경제분야에서의 협력관계 강화 △대한국 경제지원 △한일 투자교류 △한일 어업협정 △한일 이중과세 방지협약 △무역 확대 및 산업기술분야에서의 협력 △산업교류 추진 △과학기술분야에서의 협력 △정보통신분야에서의 협력 △컴퓨터 2000년 문제에 관한 협력 △지적소유권분야에서의 협력 △전자상거래분야에서의 협력 △농업분야에서의 협력 △노사정 교류의 활성화 △사회보장분야에서의 협력 △자연재해 및 인적 재해 경감을 위한 협력 △양국 경제인 교류의 확대

---

4. 범세계적 문제에 관한 협력 강화

△환경분야에서의 협력 △원조분야에서의 협조 △원자력의 평화적 이용 증진을 위한 협력 △범죄인 인도조약 체결 교섭의 개시 △국제조직범죄 대책에서의 협력 강화

---

5. 국민교류 및 문화교류의 증진

△2002년 월드컵과 이를 계기로 한 국민교류 사업 △한일 국민교류의 촉진 △청소년 교류 확대 △학술교류 △지역간 교류 △문화교류의 내실화

1998년 10월 7일, 김대중 대통령은 도쿄에서 오부치 게이조(小淵 惠三) 총리와 21세기 한일 파트너십 공동선언을 발표함으로써 1965

년 이후 한일 관계를 최상의 상태로 끌어올렸다. 공동선언은 정치·
경제·안보·문화가 망라된 전면적 교류·협력의 장전(典章)이었다. 또
한 공동선언은 양국 국교정상화의 '65년 체제' 결함을 보완했다. 일
본 총리의 과거사 반성과 사죄를 처음으로 담았던 것이다.

김대중 대통령 내외, 오부치 총리 내외 영접 기념 촬영(©국가기록원)

기존의 한일 정상회담 결과물과 비교해서 김대중-오부치 공동
선언이 갖는 차별적인 특징은 국제사회의 평화와 안정을 위한 협력
을 담았다는 것이다. 특히 한일 간에 안보와 방위에 있어서 협력하
며 북핵으로 대표되는 한반도 문제에 공동으로 대응한다는 내용
은 주목할 만하다.

이와 같은 안보상의 협력이 2016년 한일군사정보보호협정(지소미

아)으로 발전했지만, 이번의 양국 갈등 과정에서 우리 정부가 지소미아 종료를 선언함으로써 그간의 안보협력이 위기를 맞은 것이다. 결국 1998년 공동선언이 나온 후 최근까지의 20여 년 동안 외교·안보 등의 정치적 영역에서는 한일 관계가 오히려 후퇴했다고 말하지 않을 수 없다.

한편 김대중-오부치 두 정상이 2002년 한일 월드컵 공동개최를 앞두고 국민교류 촉진과 문화교류의 내실화에 합의한 점도 큰 의의를 지닌다. 두 정상은 21세기에 한일 양국이 진정 가까워지기 위해서는 많은 국민들이 오가며 상대국의 사회를 체험하고, 문화교류를 통해 마음의 문을 열어야 한다고 믿었던 것이다.

실제로 1998년 공동선언 이후 양국 사회의 가장 큰 변화 중의 하나는 대중문화가 개방된 것으로, 일본에서의 한국문화, 한국에서의 일본문화가 확산되었다. 이렇게 보면 공동선언 이후 20여 년 동안 사회·문화와 같은 비정치적 영역에서는 한일 관계가 크게 발전했다고 평가할 수 있다.

② 한국의 대중문화 '한류', 일본인들의 마음을 사로잡다

1945년 해방을 맞았지만, 한국은 일본 대중문화를 받아들이지 않았다. 일제가 강점기 시절 문화말살정책까지 시행해서 우리 문화를 지우려고 했으니, 문화만 놓고 봐도 일본에 대한 거부감이 강할 수밖에 없었다. 이후 한국 사회에서 왜색 지우기와 민족문화 복원이 큰 과제로 대두되면서 일본 대중문화의 공식적인 한국 유입은 불가능했다. 1965년 국교정상화 이후에도 경제적으로는 일본과 가까워졌지만, 일본 대중문화 개방은 이루어지지 않았다.

세월이 흘러 1998년 김대중-오부치 공동선언 직후 김대중 대통령은 일본 대중문화 개방을 추진하게 된다. 이 시책에 대해 국내에서 상당한 반발이 일었다. 과거 한반도를 지배했던 일본의 저질적이고 침략적인 문화를 받아들이는 것은 문화 분야에 식민지를 만들어낼 우려가 있다는 의견들이 많았다. 거기에 독도 영유권 및 재일교포 차별 문제까지 해결되지 못한 마당에 일본의 대중문화를 개방한다는 것은 언어도단이란 지적도 있었다. 경제적으로도 우려가 있었는데, 문화산업의 확장과 함께 많은 국부가 일본으로 유출될 것이라고 비판하는 사람들도 많았다.

한국이 일제 강점기의 기억을 근거로 일본의 대중문화 유입을 막아왔다면, 일본은 반대로 그 강점기 시대의 기억을 지우기 위해 일본 대중문화 개방에 적극적이었다. 1970년대 이후 일본 정부는 국제교류기금이나 국제일본문화연구센터 등을 건립해 일본문화를 해외 특히 과거 강점 국가들에 전파하는 정책을 추진했다. 이를 통해서 일본은 '패전국'이 아닌 '경제 대국', '침략국'이 아닌 '세련된 문화 보유국'이라는 이미지를 심으려 했던 것이다.

일본문화에 대한 국내 거부감에 대해 김대중 대통령은 "일본문화를 막음으로 해서 좋은 문화는 못 들어오고 나쁜 문화만 스며 들어오고 있는 것은 상당히 우려할 만한 일이다."라고 지적하며 "21세기는 문화산업의 시대이며, 더 이상의 문화 쇄국정책은 누구에게도 도움이 되지 않는다. 일본 대중문화 개방에 두려움 없이 임하라."라고 지시했다. 그렇게 해서 김대중 정부부터 노무현 정부에 이르는 6년 동안 4차에 걸쳐 일본 대중문화 수입 허용 정책이 추진되었다.

김대중 대통령과 고이즈미 총리,
월드컵 공인구 모형 피버노바에 서명(©국가기록원)

이로 인해 그동안은 음성적으로 유통되던 일본 대중문화가 공식적으로 한국인들에게 전해지게 되었다. 현재까지 영화나 음반, 게임, 공연 등은 전면 개방되었지만, 케이블TV나 위성방송, 지상파방송 등에 대해서는 아직 개방되지 않은 영역이 많다. 일본 대중문화가 개방된 지 20여 년이 흘렀지만, 퇴폐문화의 유입이나 국내 문화산업에 대한 타격 등의 애초 우려는 기우였음이 증명되고 있다. 예를 들어 영화 시장의 경우 한국에서 개봉된 일본 영화 중 최고의 흥행작은 대중문화 개방 직후 개봉된 〈러브레터〉인데 이 영화

의 관객 수는 약 115만 명 수준이었다. 2003년 이후 거의 매년 천
만 관객 돌파 영화가 등장하는 한국 영화에 비하면 아무래도 초라
해 보이는 실적이다.

이처럼 한국에서의 일류(日流)가 예상보다 거세지 않았던 것에 비
해, 일본에서의 한류(韓流)는 매우 뜨거웠다. 1980년대 중후반 일본
에서 조용필, 계은숙, 김연자 등의 가수들이 인기를 끌었지만, 본격
적인 한류의 시작은 1998년 김대중-오부치 공동선언 직후인 2000
년대부터라고 보는 것이 타당할 것이다. 2000년대 초 일본을 뜨겁
게 달궜던 것은 드라마 〈겨울연가〉였다.

〈겨울연가〉 촬영지 남이섬에 세워진
주인공 배용준과 최지우 동상(ⓒ셔터스톡)

2003년 4월에 일본 NHK 위성 채널로 방송된 〈겨울연가〉가 인기
를 끌자 2005년까지 지상파 채널과 위성 채널로 네 번이나 다시 편
성했다. 이로써 〈겨울연가〉 신드롬이 형성되고 욘사마(배용준)는 일
본에서 최고의 인기 스타가 된다.

〈겨울연가〉와 관련된 몇 가지 에피소드를 소개하면, 2004년 4월 배용준의 방일(訪日)은 일본 하네다공항을 마비시켰다. 5월 일본 총리 고이즈미 준이치로의 2차 방북(訪北) 날이 〈겨울연가〉 방영 날과 겹쳐 방북 특집 때문에 〈겨울연가〉 한 회를 결방한 NHK엔 3,000건이 넘는 항의 전화가 쏟아졌다. 6월 19일 총리 고이즈미는 오카야마시에서 열린 참의원 선거유세에서 배용준을 언급하면서 "욘사마를 본받아 준사마로 불릴 수 있도록 노력하겠다."라고 말했다.

영국의 『타임스』 11월 26일자는 「일본인들이 오랜 적대국의 스타를 환영했다」라는 제목의 기사에서 "영국의 축구 스타 데이비드 베컴이나 미국의 영화배우 톰 크루즈가 왔을 때도 이 정도는 아니었다. 일본인들의 스타 사랑이 유별나지만 이런 히스테리 증상은 일찍이 없었으며, 더욱이 그 주인공이 한국인이란 사실은 놀랄 만하다."라고 보도했다.

12월 18일 일본 내각부가 발표한 '외교에 관한 여론조사(10월 조사)'에 따르면 한국에 "친근감을 느낀다."라는 비율이 56.7%로 사상 최고를 기록했다. 중국에 대한 친근감은 37.6%로 사상 최저를 기록했다. 내각부는 "욘사마 열풍 등 한류 붐으로 한국에 대한 일본인의 관심이 커진 것이 원인"이라고 분석했다.[21]

2000년대 초중반의 일본에서의 한류 붐을 드라마와 배우들이 주도했다면, 2000년대 후반 이후부터는 K팝으로 불리는 보이·걸그룹

---

21) 강준만, 「한류(韓流)」『세계문화사전』(2005).

들이 이끌었다. 방탄소년단, 트와이스 등 수많은 K팝 그룹들이 열렬한 팬층을 형성하며 높은 인기를 구가했다. 전문가에 따르면, 현재 일본은 K팝 해외시장 중 수익적 측면에서 압도적으로 큰 비중을 차지하는 캐시카우(cash cow) 시장이라고 한다.[22]

BTS 앨범(ⓒ셔터스톡)

관세청이 발표한 2020년 1~11월 국내 음반 수출 자료를 보면, 해외로 수출된 국내 음반 중 무려 48.6%가 일본 수출 물량이었다. 전체의 거의 절반 비중을 차지한다. 2위 미국과 3위 중국 수출량을 합쳐도 일본 물량의 절반을 조금 넘어서는 정도다. 음반 판매 외에 해외 현지 공연 등 다양한 수익처가 존재했던 '코로나-19 이전' 상황을 살펴보면 그보다 더 엄청나다. 한국콘텐츠진흥원에서 발간한 『2019 음악 산업백서』에 따르면, 2018년 한국음악산업 전체 수출액의 무려 65.1%가 일본시장에서 발생한 것으로 집계되고 있다. 절반

---

22) 이문원, 「일본은 韓流의 텃밭이자 발판」, 『월간조선 뉴스룸』(2021.3).

도 아니라 3분의 2 수준이다.

이렇게 지난 20년 동안 한류는 드라마나 K팝 등 대중문화를 중심으로 일본에서 크게 꽃피웠다. 이제 그 한류를 어떻게 가꾸고 일본뿐 아니라 동남아나 중국, 미국 등으로 확산시켜 가느냐 하는 과제가 남아 있다. 또 한 가지 주목해야 할 점은 그동안 있었던 한일 사이의 수많은 정치적 갈등에도 불구하고 일본에서 한류 바람은 꾸준히 불어왔다는 것이다.

특히 요즘 일본의 젊은이들 사이에서는 떡볶이, 삼겹살 등 한국 음식의 인기가 높아져 '한일 간의 정치는 정치, 음식은 음식'이라는 인식이 확산되고 있다. 라면 종주국 일본에서 한국 인스턴트 라면이 잘 팔린다고 한다. 한국에서도 젊은이들이 많이 모이는 거리에 일본 돈가스나 우동집이 늘어나고 있는 것과도 유사하다.

한일 인적 교류의 변화를 보더라도 김대중-오부치 공동선언 이후 양국 국민들의 왕래가 얼마나 크게 늘었는가를 알 수 있다. 한일 양국의 인적 교류는 1998년 267만 명(방일 한국인 72만 명, 방한 일본인 195만 명)에 비해 2017년 945만 명(방일 한국인 714만 명, 방한 일본인 231만 명)으로 약 3.5배 상승했다. 2019년 이후에는 코로나-19 사태로 인적 왕래가 격감했지만, 2018년에는 인적 교류 규모가 처음으로 1천만 명(방일 한국인 754만 명, 방한 일본인 295만 명)을 돌파했다. 1965년 국교 정상화 당시 민간 교류 수준(연간 약 1만 명)과 비교하면 1천 배 증가한 셈이다.

한일 관계가 극도로 나빴을 때 김대중 대통령은 일본과 동행하는 길을 선택했다. 국내의 수많은 반대에도 불구하고 일본 대중문화를 받아들이며 양국 문화교류의 물꼬를 텄다.

코로나-19 팬데믹 이전 명동의 관광객들(ⓒ픽사베이)

20년이 지나서 나타난 현상을 보면 우려는 기대로 바뀌었다. 일본문화가 한국에 들어와 악영향을 미치고 우리 문화를 지배하기는 커녕, 우리 대중문화가 일본으로 건너가 일본인들의 마음을 사로잡았다. 한국을 방문하는 일본인들 규모의 3배에 달하는 한국인들이 일본을 찾아 일본문화를 즐기고 오기에 이르렀다. 문화와 사람들의 왕래를 통한 한일 민간 교류의 심화는 정치적 갈등을 뛰어넘어 양국 관계를 조금씩이나마 전진시켜 왔다고 보아야 한다.

'반일과 혐한'을 넘어
'동행과 극복'으로

☑ 일본의 미국 콤플렉스와
한국의 일본 콤플렉스

콤플렉스(complex)의 사전적인 의미는 현실적인 행동이나 지각에 영향을 미치는 무의식의 감정적 관념이다. 어원으로 보면 접두사 'com(함께)'과 'plectere(엮다, 꼬다, 땋다)'의 결합이니 결국 함께 엮이고 꼬여서 뒤얽힌 심리가 콤플렉스다. 쉽게 말하면 '배배 꼬인 심사'라고나 할까? 연관 단어로서는 강박관념, 열등감, 욕구불만 등이 있다. 또 개인들의 콤플렉스가 모이면 집단의 콤플렉스가 되고, 그것이 모이면 국가의 콤플렉스가 된다.

필자는 1990년대 초부터 2000년대 중반까지 12년 동안 일본에 살면서 '일본은 미국에 대한 콤플렉스가 참 많구나.' 하는 점을 느꼈다. 일본인들은 콤팩트(compact)한 자국의 자동차나 전자제품이 최고라 생각하며, 크기만 크고 고장도 많은 미국 제품을 별로 좋아하지 않는다. 그러나 일반적으로 미국인들에게는 신뢰를 보내며 좋아한다.

일본인들은 미국이란 나라에 대해서 애증(愛憎)을 갖는다. 에도 시대 말기인 1854년 쿠로부네(黑船)를 이끌고 온 미국의 페리 제독 덕분에 일본은 문호를 개방하여 빠르게 근대국가로 나아갈 수 있었다고 생각한다.

그러나 미국과의 전면전을 치른 태평양전쟁 말기에, 인류 최초로 히로시마와 나가사키에 원자폭탄을 투하한 그들에 대해서는 증오를 품는다. 그런데 또 반면에 패전 후 전후개혁을 통해서 미국식 민주주의와 제도를 이식해 주고 복구과정에서 도와준 것에 대해서는 고마움을 느낀다.

일본이 경제 대국으로 올라서는 데 미국은 시장과 제도, 기술을 제공해주었다. 그뿐만 아니라 미일 안보를 중심으로 일본을 군건하게 지켜준 것도 미국이었다. 덕분에 일본은 안정된 상황에서 고도성장을 실현해 제2의 경제 대국에 올라섰지만, 1980년대가 되자 일본은 그 경제를 통해 미국을 넘어서려고 했다. '미국에 NO라고 말할 수 있게 된 일본'은 미국의 땅과 기업들을 마구 사들였고, 경제 전체 규모에서도 미국을 능가할 기세였다.

그러자 미국은 일본을 강하게 압박하여 시장개방과 엔화 가치 상승을 유도했고, 이로 인해 경제버블 형성과 붕괴에 따른 '잃어버린 10년'이 찾아오면서 '일본 전성시대'는 마감되었다.

일본에 미국은 참 고마운 나라이면서도 한편으로는 군사적으로

나 경제적으로 일본이 최고가 되는 것을 막아온 나라다. 이로 인해 일본인들에게 미국은 동행해야 할 첫 번째 나라이면서도 넘어설 수 없다는 열등의식이 존재한다. 그런 열등감이 무의식에 누적되어 오늘날에도 본인들이 아시아에서 최고라는 의식이 여전히 강하지만, 세계 최고인 미국은 넘어서기 어렵다고 생각하는 것이다.

한편 한국은 일본에 대해 어떤 콤플렉스를 가지고 있을까? 일본인들이 미국에 대해 갖는 감정과 유사한 측면도 있지만, 다른 측면도 있다. 우선 세계에서 일본을 무시하는 유일한 나라가 한국이란 말이 있듯이, 한국인들은 문화적이나 도덕적으로 일본의 우위에 있다고 생각한다. '과거에 중국을 통해 전해진 문화를 잘 가꾸어 일본에 가르쳐 준 곳이 한국', '평화를 사랑하는 한민족은 일본을 침략하지 않았으나 일본은 몇 차례에 걸쳐 우리나라를 유린했다.' 등의 의식이다.

일본인들의 미국에 대한 감정과 반대로, 한국인들은 일본이란 나라는 싫어하지만 일본제품은 좋아한다. 1980년대만 해도 일본 관광 필수 기념품이 일본 조지루시(象印)사 코끼리밥솥이었고, 우리 젊은이들에게는 포터블 음악 플레이어인 소니 워크맨을 지니고 다니는 것이 로망이었다. 현재는 일본 불매운동으로 줄었다고는 하지만, 얼마 전까지만 해도 도요타 렉서스가 수입차 판매 1위였다. 이에 더해 요즘 길에 다니다 보면 일본음식점들이 눈에 띄게 늘어난 것에 놀라곤 한다.

축구건 야구건 상대가 일본이면 무조건 이겨야 한다.

1954년, 일본을 이기고 돌아온 한국 축구선수단의 카퍼레이드. 한국전쟁 직후 축구공·축구화는커녕 아무것도 없는 나라였지만, 그래도 일본만은 무조건 이겨야 했다. 퍼레이드 후 이승만 대통령은 이들을 초대해 직접 격려했다.

(ⓒ국가기록원)

과거엔 일본에서 운동경기에 지고 돌아올 때는 현해탄에 뛰어들라는 말이 나올 정도였다. 하지만 눈부신 경제발전에 힘입어 일본과의 경제 격차를 크게 줄인 것에 대해 우리 국민들은 기뻐한다. 우리의 한류 문화가 일본을 점령한 것에 대해서도 크게 자부심을 느낀다. 극일을 외치며 언젠가는 반드시 일본을 넘어서야 한다고 말한다.

한국인들의 일본에 대한 감정은 복잡하다. 일본제품과 일본요리를 좋아하고 일본 여행을 그렇게 많이 가면서도 일단 일본과 갈등이 생기면 온 국민이 반일로 뭉친다. 이것은 우리 국민들의 내면에 일본을 싫어하는 감정과 선호하는 감정이 공존하기 때문이다. 일본이 한국을 침략해 식민지화했다는 것에 대한 미움과 함께, 일본인들이 양질의 제품을 만들고 질서 의식이 뛰어나다는 점에 대한 부러움도 교차한다. 거기에는 우리가 일본으로부터 핍박받았다고 하는 피해의식과 언젠가는 그 빚을 갚아 주어야 한다는 강박관념이

병존한다. 우리가 부족해서 당했다는 열등의식도 존재한다.

그러나 오늘날 우리나라는 경제적으로나 문화적으로 당당하게 일본을 대할 수준으로까지 올라섰다. 국가경쟁력에서 한국은 이미 일본을 앞섰고 우리 글로벌 기업들이 일본기업들을 넘어서고 있다. 한류의 힘은 일류(日流)를 뛰어넘었다. 일본과 담을 쌓지 않고, 경제나 문화 등에서 지속적으로 교류함으로써 얻은 결과다. 이제 우리 국민 의식이나 교육 수준도 일본에 뒤지지 않는다.

오늘의 대한민국에 살아가는 한국인들은 이제는 일본이라는 나라에 대해 당당해질 때가 되지 않았을까? 피해의식이나 강박관념, 열등의식과 같은 일본 콤플렉스에서 벗어날 때가 되지 않았을까? 그렇게 되었을 때 비로소 우리 한국인들은 일본과 일본인들의 좋은 면과 나쁜 면, 선의와 악의를 제대로 구분해서 볼 수 있게 될 것이다. 그리고 진정으로 일본과 동행할 마음이 생길 것이다.

☑ 한국의 반일과
일본의 혐한의 상승작용

일본이라는 나라나 일본의 사상·문화 등에 반감을 갖는 반일 감정은 한국에서 뿌리가 깊다. 거슬러 올라가면 삼국시대부터 왜구에게 많은 약탈을 당했던 신라인들, 임진왜란으로 온갖 수난을 겪었던 조선인들의 반일 감정이 극에 달했다고 전해진다. 현대 한국의 반일 감정의 근간은 근세 대한제국, 그리고 일본의 메이지 유신과 그에 따른 조선 침략 정책이 본격화하는 19세기 후반부터 일제 강점기 이후 이어지는 사건들과 식민지 통치에서 기인한다.

1945년 해방 이후가 되면 친일 청산과 그 후의 한일협정을 둘러싸고 일제시대를 기억하던 국민들의 반일 감정이 고조되었다. 그 후 일본의 지속적인 역사 왜곡과 영토 도발, 우경화와 군사 대국화 등에 우리 국민은 크게 분노했다. 일본 정부는 독도(일본명 다케시마)가 일본 영토라는 역사 왜곡을 계속해오고 있고, 극우 세력은 일본이 저지른 침략을 아시아를 해방하고자 하는 과정의 일부였다고 주장해 왔다. 자신들이 식민지에서 저지른 범죄는 아예 빼거나 미화하고 있다. 이러한 내용을 담은 '새로운 역사 교과서'가 2001년부터 발간되어 왜곡되고 우경화된 역사가 일본 청소년들에게 가르쳐지고 있다. 이러한 소식들이 매스컴을 통해 국내에 전해질 때마다 한국인들의 반일 감정은 격화되었다.

2000년대 이후 고이즈미와 아베 정부를 거치면서 일본의 우경화는 도를 더해갔다. 그 배경은 이들 2세, 3세 정치가들의 뿌리 깊은 역사의식에 의한 측면도 있지만, 장기불황으로 인한 일본인들의 불만과 불안을 외부로 돌리려는 의도도 있었다고 보인다. 이후 중국의 경제 및 군사 대국화, 북한의 핵과 미사일 위협을 접하며 일본은 군사 대국화의 길을 걷게 되는데, 이러한 움직임 역시 일본의 침략을 기억하는 우리 국민의 반일 감정을 끌어올리게 된다. 그리고 최근 강제징용 피해자와 위안부에 대한 한국 법원의 판결과 이에 대한 일본의 반발과 경제보복, 한국 정부의 강경 대응 등이 이어지며 한국에서의 반일 감정은 최고조에 달했다.

이렇게 한국인들의 반일은 뿌리가 깊고 일본의 침략이나 역사 왜곡 등에 영향을 받아 왔다면, 일본인들의 혐한은 비교적 역사가 짧고 한국에서의 반일에 대응하며 의도적으로 만들어진 측면이 강하다. 과거 일본이 여러 차례 한반도를 침략했던 것은 혐한이라기보다는 섬나라에서 벗어나기 위한 욕구이거나 대륙 침략을 위한 필요성의 발로였다고 보는 것이 타당하다.

물론 타인을 비천하게 취급하는 태도로부터 오는 '혐오'라는 의식은 일본 사회에서 낯선 것이 아니었다. 일본에는 1000년이 넘게 내려온 피차별 부락(部落)의 역사가 있다. 물론 민주주의 사회가 도래하기 전에는 어느 나라든 차별받는 계층이 존재했으나, 일본은 유독 그들을 몰아내고 경계 짓는 전통이 강했다.[23] 오늘날 일본에서

---

23) 노윤선, 『혐한의 계보』(글항아리, 2019) 제1장 참조.

부락민에 대한 혐오 의식은 거의 사라졌지만, 재일조선인(한국인)에 대한 차별과 혐오 의식은 여전히 남아 있다.

현재는 재개발로 거의 사라지고 없지만, 일본으로 강제징용된 조선인들의 마을 교토 우토로(ウトロ)는 한때 재일조선인에 대한 차별과 탄압을 상징하는 장소였다.(ⓒWIKIMEDIA COMMONS)

재일조선인들에 대한 일본인들의 집단적 혐오가 처음으로 표면화된 것은 1923년 관동대지진 때의 일이다. 사망·실종자 10만 명 이상, 피난자 100만 명 이상을 낳은 이 대참사 직후부터 조선인이 "우물에 독을 풀었다.", "폭탄을 가지고 있다.", "방화, 폭동을 일으킨다."라는 근거 없는 소문이 유포되었다. 그리고 그러한 유언비어의 확산 속에 많은 조선인들이 살해되었다. 당시 사망한 조선인은 6천 명 정도라고 발표되었지만, 정확한 숫자는 아직도 밝혀지

지 않았다.[24]

혐한이란 단어가 일본의 잡지나 신문에 처음으로 등장한 1992
년 이래 일본 내 혐한 기류는 몇 차례 크게 폭발하면서 세력을 넓
혀왔다.

만화 혐한류의 표지

첫 번째는 2002년 한일 월드컵 공동개최 이후 시작되었다. 한국
축구가 4강에 올라가고 일본이 16강에서 탈락하자 인터넷을 중심
으로 그 분노가 결집되었다. "한국이 일본의 월드컵 단독 개최를 하
지 못하게 로비를 벌였다.", "심판을 매수했다."라는 등의 비난이 도
배를 했다. 이후 이러한 주장과 역사 왜곡을 담은 『만화 혐한류(嫌
韓流)』가 발간되어 2010년까지 100만 부가 넘는 판매실적을 올렸다.

이후 2012년 이명박 대통령의 독도 방문과 천황 관련 발언은 일
본에 큰 충격을 안겼다. 특히 오늘날도 일본 국민들의 마음의 구심

---

24) 량영성 지음·김선미 옮김, 『혐오표현은 왜 재일조선인을 겨냥하는가』(산처럼,
2018) 제3부 참조.

점 역할을 하는 천황을 겨냥하여 사죄하라는 발언을 한 것에 대해 "지금부터 한국을 적국으로 간주하겠다."라는 등 단교도 불사하겠다는 기운이 감돌았다. 이 때문에 독도 문제에 별 관심이 없거나 한국에 우호적인 일본인 중에도 이 발언에 대해선 격분한 사람들이 아주 많았다. 이 사건의 여파로 한국을 찾는 일본 관광객이 60%나 감소했다. 이후 혐한은 기름을 부은 듯 들끓었다.[25]

그리고 2018년 10월 한국 대법원의 강제징용 배상 판결에 대해 아베 총리가 '한국은 신뢰할 수 없는 나라'라며 경제보복에 나서면서 일본 내 혐한 의식은 또 한 번 끓어올랐다. 혐한을 다룬 서적들은 이미 일본 출판시장에서 흥행을 보장한다는 말이 나오고 있고, 언론에서도 한국을 폄하하는 보도가 줄을 잇고 있다. 이러한 혐한 의식의 일본 내 고착화에 기인한 것일까, 아베에 이어 등장한 스가 정권도 한일 관계 개선에 대한 의지를 보이지 않는다.

시간이 흐르면 상처도 아문다는 말이 있지만, 한일 관계는 시간이 흘러도 아물지 않고 오히려 덧나고 있다. 피해자인 한국으로서는 가해자 일본이 진심어린 반성과 사죄를 하지 않고 오히려 도발하고 있다고 비난하는 것에 비해, 가해자는 피해자에게 "몇 번이나 사죄했는데 도대체 언제까지 계속해야 하는가?"라고 묻는다.

그런데 문제는 반일과 혐한은 상호의존적이라는 사실이다. 한국에서의 반일 감정이 고조되면 일본에서 혐한 의식이 올라가고, 거

---

25) 노윤선, 『혐한의 계보』(글항아리, 2019) 제1장 참조.

구로 혐한이 올라가면 반일도 고조된다.

결국 이러한 상승작용을 통해 한국과 일본이 얻는 것은 없고, 경제나 안보 측면에서 잃는 것만 많아진다. 이번 경제마찰로 한국에서는 적극적인 일본 불매운동을 벌여 일본기업들이 큰 타격을 받았고, 방일 한국관광객들이 발길을 끊어 특히 일본 지방 관광도시의 경제가 어려워졌다.

하지만 우리도 피해를 보기는 마찬가지다. 앞서 살펴보았듯이, 2010년 일본에서 출시되자마자 1위를 차지한 삼성 갤럭시S가 2012년 이후 급격히 추락한 것은 당시 이명박 대통령의 독도 방문, 천황 관련 발언과 관련이 있다고 회자되었다. 또한 2015년 이후로 일본에서 판매되는 갤럭시 스마트폰 후면에 삼성의 로고가 사라졌다는 안타까운 사실은 우리가 되씹어 봐야 할 문제다. 이번에 아베 정부와 문재인 정부가 강하게 충돌하면서 한일 지소미아 종료 선언까지 나왔는데, 현재 바이든 정부가 노력을 하지만, 한미일 안보협력 회복은 결코 쉽지 않은 과제로 남아 있다.

☑ 한일 정부 모두
국민감정을 이용해선 안 된다

　한국에서의 반일과 일본에서의 혐한이 상호의존적이라는 사실
은 국제관계의 기본원리인 상호주의와 연결되어 있다. 상호주의란
"네가 잘하면 나도 잘하겠다."라는 지극히 간단명료하고 상식적인
원칙이다. 현재 최악인 한일 관계는 거꾸로 "네가 잘못 했으니 나
도 잘할 수 없다."라는 상호작용의 결과물이다. 그 책임은 어디에
있을까? 필자는 일본 정부와 한국 정부 모두에 있다고 생각한다.

　2018년 10월, 한국 대법원이 일제 강제징용 피해자에 대해 내린
일본기업 배상 판결에 일본 정부는 강하게 반발했다. 이후 약 8개
월 동안 일본 정부는 청구권 협정에 따라 제3국을 통한 중재위원회
구성을 요구했으나 한국 정부가 거절했다.

　그런데 최근 또 다른 우리 법원이 위안부 피해에 대한 일본정부
배상 책임을 판결한 것에 대해서는 한국 정부가 정치적 해결 필요
성을 들고나왔다. 그렇다면 2018년 말 그 당시에도 일본의 반발에
대해 우리 정부가 정치적 타결을 시도했다면 그 이후의 상황 악화
는 막을 수 있지 않았을까?

　역사 문제는 절대로 타 영역으로 확산시켜서는 안 된다는 철칙을
가져야 국가 간 관계가 유지되지만, 아베 정부는 경제보복에 나섰
다. 그것도 우리의 약한 고리인 소부장 산업을 걸고넘어지며 한국
경제성장의 상징인 삼성전자를 노렸다. 이에 문재인 정부는 지소미

아 파기를 통해 안보 영역으로까지 마찰을 몰아가며 한일 갈등을 전면전으로 확산시켰다. 1965년 국교 정상화 이래 한일 관계는 과거사와 경제·안보를 분리하는 투트랙(two-track) 대응을 외교적 지혜로 활용해왔으나, 한일 두 정부는 이를 무너뜨린 것이다.

한일 관계가 이렇게 파국으로 치달은 배경에는 양국 국민들의 상대에 대한 뿌리 깊은 불신, 즉 반일과 혐한이 자리하고 있었다. 그러나 정말로 큰 문제는 이러한 국민 불신을 양국 정부가 슬기롭게 제어하며 파국을 피하도록 노력했어야 함에도 그렇게 하지 않았다는 것이다. 오히려 한일 두 정부가 이러한 국민감정을 조장하거나 이용했다는 비판을 면하기 어렵다.

아베 총리는 한국에 대한 수출규제를 단행하며 "청구권 협정을 한국이 일방적으로 파기했고 약속을 지키지 않는 나라에 우대조치는 없다."라고 목소리를 높였다. 한국은 믿을 수 없는 나라로 관계를 끊어야 한다고 외치는 극우 세력의 혐한 논리와 궤를 같이한 것이다.

일본의 경제보복이 본격화한 2019년 여름 당시, 아베의 총리 관저는 한국에 대한 경제보복 수단으로 수십 가지 카드를 준비했다고 말했다. 경제전쟁이 본격화되면 상대를 확실하게 제압하겠다는 의도를 드러내며, 위기 시 뭉쳐왔던 일본인 특유의 국민적 정서를 '한국 때리기'로 몰아간 것이다.

그렇다면 문재인 정부는 어떻게 대응했는가? 일본 수출규제가 시작되고 두 달이 지난 2019년 7월 전남도청을 방문한 문재인 대통령은 "전남 주민은 이순신 장군과 함께 불과 열두 척의 배로 나라를 지켜냈다."라고 말했고, 며칠 후 경남 거제군의 섬 저도를 찾아서는 "저도 일대 바다는 임진왜란 때 이순신 장군께서 첫 번째 승리를 거둔 옥포해전이 있었던 곳"이라고 강조했다. 한일 간 경제전쟁에서 문 대통령은 시종일관 임진왜란 당시 구국의 영웅인 이순신 장군 마케팅으로 일본을 비판하며 대통령 스스로 반일의 선봉에 섰다. 이에 호응이라도 하듯 조국 당시 청와대 민정수석은 자신의 페이스북에 동학농민운동을 배경으로 한 '죽창가'를 링크하며 '애국이냐 이적이냐?'는 이분법적 논리를 설파했다. 집권 여당은 일본 경제보복대책특별위원회에 쓰인 '보복'이란 용어를 '침략'으로 바꿨고, 시민단체들은 일본제품 '불매운동'에 나섰다.

작용·반작용의 법칙처럼, 아베 정부와 문재인 정부는 혐한과 반일이라는 국민적 정서를 확대시키며 오히려 정권 기반을 다지는 수단으로 이용했다. 진정으로 국익을 생각한다면 일본 정부가 혐한을 조장하거나 이용해서는 안 되는 것과 마찬가지로, 한국 정부도 더 이상 반일 감정을 이용하거나 조장해서는 안 된다.

한일 양국의 참된 지도자라면 아픈 역사에서 비롯된 반일과 혐한의 정서를 극복하려고 국민과 함께 노력해야 마땅하다. 가해국 일본의 지도자는 말할 것도 없지만, 우리 지도자 역시 힘들더라도 일본과 동행함으로써 일본을 극복하자고 국민을 설득해야 한다.

어려웠던 시기에 수많은 반대를 뿌리치고, 이웃을 등진 채 살 수는 없다며 일본과의 관계 정상화에 나섰던 박정희 대통령, 과거에 얽매이지 않는 미래지향적 한일 관계를 열고자 했던 김대중 대통령, 두 지도자 모두 결코 일본이란 나라가 좋아서 동행의 길을 선택한 것은 아닐 것이다. 조국의 발전과 안정을 위해서는 그 길을 가야 하며, 그 길을 통해서 언젠가는 일본을 극복할 수 있다고 믿었기 때문일 것이다.

☑ 일본,
   동행하며 극복하자

"손바닥도 마주쳐야 소리 난다."라는 말처럼 동행을 하려면 우리 뿐 아니라 일본의 태도가 중요하다. 일본은 변해야 한다. 과거 역사를 직시하고 진정으로 사죄하는 마음을 가져야 한다. 일본 우익 정치가들은 지금까지 여러 차례 사과했는데, 도대체 언제까지 해야 하느냐고 묻는다. 이에 대해서는 2009년 총리를 역임한 하토야마 유키오(鳩山由紀夫)가 명쾌하게 대답했다.

"사과는 피해자가 '그만하라'라고 할 때까지 해야 한다."

현재 한일 관계를 보면 참으로 이상하다. 가해자인 일본이 당당하게 한국을 향해 꼬인 관계를 풀 구체안을 가져오라 하고, 한국은 오히려 빨리 관계를 개선하자고 조르는 형국이다. 왜 이 지경까지 왔을까?

일본 정부는 강제징용 피해자 문제가 1965년 청구권 협정에 포함된 것이고, 위안부 배상 문제는 2015년 일본의 기금으로 설립된 '화해치유재단'으로 해결되었다고 주장한다. 하지만 한국의 사법부가 이러한 양국 간의 합의를 뒤엎는 판결을 내려서 양국 관계가 악화된 만큼 해결책은 한국에서 가져와야 한다고 요구한다.

이에 대해 한국 정부는 '삼권분립의 원칙'에 따라 사법부의 판단은 존중되어야 한다고 말한다. 그런데 그 이후에 한국 정부가 일관되지 못한 태도를 보임으로써 일본이 큰소리를 칠 빌미를 제공했다. 문재인 정부는 처음에는 위안부 재단을 인정할 수 없다고 했다가 최근에는 2015년 합의가 양국 정부의 공식 합의라고 말을 바꾸었다. 강제징용 피해자 배상에 대해서도 이 문제가 불거진 2018년 당시에는 우리 대법원판결처럼 개인 청구권은 살아있다고 했다가, 시간이 흐르면서 한국 측도 자금을 낼 테니 정치적으로 타협하자고 나왔다. 그리고 일본의 수출규제가 시작될 때에 반일과 극일을 강하게 외쳤던 문 대통령이 최근에는 일본 정부에 조속히 관계를 풀자고 손을 내밀고 있다.

일본에 있어 한국도 마찬가지겠지만, 우리에 있어서도 일본은 잘 '관리'해야 할 나라다. 쉽게 다가가기는 어렵지만, 그렇다고 관계를 마냥 악화시켜서도 안 된다. 이번에 문 대통령이 태도를 바꾼 배경에는 '한반도 문제를 풀기 위해서는 미국의 역할이 절대적인데, 그 미국에 대한 일본의 영향력이 매우 크다.'라는 깨달음이 있었다고 판단된다. '일본 문제'를 풀려면 1차 방정식이 아니라 고차 방정식으로 접근해야 한다.

앞으로도 역사 문제 등으로 갈등이 있겠지만 한일 양국은 결국 동행해야 할 숙명을 안고 있다. 일본으로서는 미국만 믿고 한국과 등을 졌다가 동북아에서 고립되기 쉬운 상황이다. 우리로서도 일본과 멀어져서는 경제나 안보를 지키기가 어려워진다. 더욱이 우리는 일본과 단절이 아니라 동행을 할 때에 더 큰 힘을 키울 수 있다. 그렇게 힘을 길러간다면 언젠가 대한민국은 경제나 외교·안보뿐 아니라 국민들 마음 속에서도 일본이란 나라를 넘어서지 않을까?

맺음말

/

대학에서 경제학을 전공한 필자가 일본으로 유학을 결심한 것은 대학교 4학년 때였다. 1988년경으로, 그 당시에는 한국과 일본 모두 흥분된 상태로 나라가 들썩거렸다. 한국에서는 올림픽 개최 열기가 뜨거웠고, 일본에서는 주식과 부동산가격 폭등으로 사람들이 버블경제에 취해 있었다. 당시만 해도 버블이 얼마나 심각한지, 그리고 그 후유증이 얼마나 클지는 생각을 못했다. 단지 일본경제가 잘 나가기 때문에 주가와 부동산가격도 크게 오른다고들 믿었다.

당시 필자가 일본 유학을 결심한 배경에는 '더욱 강력해지는 일본경제에 대해 연구해서, 혹시 있을지 모를 일본의 한국에 대한 경제적 침략(?)을 막는 데 역할을 하겠다.'라는 젊은 혈기가 있었다. 그래서 박사논문 주제는 「일본과 한국의 기술혁신 비교 – 반도체산업과 공작기계산업을 중심으로」로 정했다. 1990년대 당시 메모리반도체산업은 한국이 일본을 따라잡은 유일한 첨단산업이었지만, 그와 같은 한국의 성장 과정에서 공작기계로 대표되는 자본재산업의 대일 의존이 심화했다는 것이 박사논문으로 도출된 결론이었다.

그로부터 30년 가까이 세월이 흘러서 우리 반도체산업은 더 강해졌고 공작기계 산업의 기술격차는 어느 정도 줄었다. 그러나 아직도 한일 양국 사이에는 반도체와 같이 한국이 일본을 극복한 분야가 있는가 하면, 공작기계와 같이 아직도 일본에 의존적인 분야가 공존하고 있다. 그리고 이러한 한국의 약한 고리를 이용해서 반도체와 같은 강한 고리를 흔들려고 했던 것이 지난 아베 정부 때의 수출규제였다. 과거 필자가 연구주제로 삼았던 내용이 30년이란 세월을 거쳐오며 일본의 경제보복으로 현실화된 것이다.

하지만 아베 정부의 경제보복은 무모했고 성공 가능성도 크지 않았다. 과거와 달리 우리 경제가 강해졌고, 일본의 일방적 수출규제는 미국 등 국제사회에서 용인되기 어려웠다. 따라서 그 자체에 한정해서 대응하며 부당함을 호소했다면 좋았을 텐데, 우리 정부는 일본과의 마찰을 경제에서 안보 영역으로까지 확대했다.

그러나 조금 시간이 지나 한숨 돌려보니 양국 정부의 대응 모두 이성적이지 못했고 멀리 보지 못했다는 비판이 잇따른다. 큰 회오리가 지나간 자리에는 한일 모두 상처 입은 국민감정이라는 후유증만 크게 남았다.

'반일과 혐한의 상승작용'이라고 말했지만, 자기네를 싫어하는 상대방을 좋아할 사람은 없다. 일본 정부 측 인사나 정치인들의 극우적 행보를 보며 일본을 싫어하는 한국인들이 늘었듯이, 이성보다는 감성적 대응으로 반일을 앞세우는 한국 정부나 정치인들을 보며 한국에 대한 호감을 접는 일본인들도 빠르게 늘었다.

일본 정부의 외교 관련 국민 의식 여론조사에 따르면, 2009년에는 한국에 친근감을 느낀다는 일본인들의 비율이 63.1%였지만, 10년 후인 2019년 말에는 그 비율이 26.7%까지 떨어졌다.

최근 극도로 악화한 한일 양국의 국민감정이 쉽게 치유되기는 어렵겠지만, 그 노력을 양국 정부와 정치인들은 해야 한다. 반일과 혐한을 국내 정치에 이용해서는 안 된다. 결국은 동행할 수밖에 없는 운명이라면 양국 국민이 서로 미워하며 같이 갈 것이 아니라 이해하며 갈 수 있도록 정부와 정치인들이 노력해야 한다. 그 바탕 위에 문화나 민간 교류가 다시 확대된다면 양국 관계는 조금씩 회복될 것이다.

필자는 일본과 한국의 대학에서 젊은이들을 가르쳤다. 일본 대학에서 5년간 교편을 잡으며 만났던 일본인 제자들은, 그 당시가 한류 바람이 불기 시작했던 시기였던 것도 영향을 미쳤겠지만, 한국에 대해 상당히 호의적이었다. 한국 음식을 좋아했고 한국문화를 알고 싶어 했다. 과거 일본의 침략 역사에 비판적이었고, 조선통신사와 같은 양국 화친의 역사에 대해 의미를 부여했다.

그리고 한국 대학에서 가르쳤던 우리 젊은이들도 일본에 대한 비판보다는 호감이 많았다. 일본문화에 관심이 많았고 한국과 다른 일본 사회의 특징에 대해 알고 싶어 했다. 무엇보다 지금의 한국 젊은이들은 일본에 대해 당당하다. 기성세대가 갖는 일본 콤플렉스가 젊은이들에게는 없다. 한일 경제 격차가 좁혀지고, 오히려 우리 경쟁력이 일본을 앞서는 환경에서 자란 영향도 있겠지만, 일본의 나쁜 면은 지적하면서도 좋은 점은 칭찬하려고 한다. 이들은 한국인들의 창의적인 '끼'를 살려 가면 대중문화뿐만 아니라 제4차 산업혁명에서도 한국이 일본을 넘어설 수 있다는 자신감도 지니고 있다.

이제는 한국과 일본의 기성세대가 진정으로 동행함으로써 양국의 미래세대가 당당하게 만날 수 있는 장을 마련해 주어야 한다. 기성세대와는 달리 미래세대는 진취적이고 미래지향적이며 서로의 좋은 점을 보려고 한다. 이들에게 희망이 있다. 아직도 정리할 과거가 있다면 우리 기성세대에서 마무리하고, 미래세대에게는 진정한 이웃 국가로서 함께 가는 미래를 넘겨줘야 한다.

〈 참고문헌 〉

| 한글자료 |

강준만, 「한류韓流」, 『세계문화사전』, 2005.

권오경, 「상호이익의 한일무역 50년」, 『일본공간』제17호, 국민대학교 일본학
연구소, 2015.

김현구, 『일본이야기』, 창작과비평사, 1996.

김호섭·이면우·한상일·이원덕, 『일본우익연구』, 중심, 2000.

남기정, 『기지국가의 탄생 – 일본이 치른 한국전쟁』, 서울대학교 출판문화
원, 2016.

남기정, 「한국전쟁 시기 특별수요의 발생과 '생산기지' 일본의 탄생 – 특별
수요의 군사적 성격에 주목하여」, 『한일군사문화연구』제13집, 한일
군사문화학회, 2012.

남창희, 『한일관계 2천년 – 화해의 실마리』, 상생출판, 2019.

노윤선, 『혐한의 계보』, 글항아리, 2019.

다나카 나오키 지음·이영이 옮김, 『부활하는 일본경제, 이렇게 달라졌다』,
21세기북스, 2004.

디자인해부학, 「'두 번의 실패는 없다' 친환경 모델로 다시 한번 일본시장 두
드리는 이 브랜드」, 『DA리포트』, 2020.12.21.

량영성 지음·김선미 옮김, 『혐오표현은 왜 재일조선인을 겨냥하는가』, 산
처럼, 2018.

류상영, 「박정희시대 한일 경제 관계와 포항제철」, 『일본연구논총』 제33호,
현대일본학회, 2011.

류상영·와다 하루키·이토 나리히코 편저, 『김대중과 한일관계 – 민주주의
　　와 평화의 한일현대사』, 연세대학교 대학출판문화원, 2012.

문정인·서승원, 『일본은 지금 무엇을 생각하는가?』, 삼성경제연구소, 2013.

민병채, 『한일 무역불균형 시정을 위한 제안』, 부산대학교 한일문화연구소,
　　1978.

박정희 저·남정욱 풀어씀, 『국가와 혁명과 나』, 기파랑, 2017.

박철희 엮음·한일비전포럼 지음, 『갈등에 휩싸인 한일 관계』, 중앙일보,
　　2020.

산업통상자원부, 「대외의존형 산업구조 탈피를 위한 소재·부품·장비 경쟁
　　력 강화 대책」, 2019.

손열, 「위안부 합의의 국제정치」, 『국제정치논총』 제58집 제2호, 한국국제
　　정치학회, 2018.

심융택, 『실록 박정희 경제강국 굴기 18년 – ⑤ 개혁 개방 도전』, 동서문화
　　사, 2015.

안형환, 『우리가 몰랐던 개방의 역사』, 다솜커뮤니케이션, 2010.

양성철·이상근 엮음, 『김대중 외교 – 비전과 유산』, 연세대학교 대학출판문
　　화원, 2015.

윤주영, 『일본경제침략 실패 시나리오』, 책들의정원, 2019.

이건우, 『실록! 한국경제⑦ '영일만 신화' 포항제철』, 블록미디어, 2019.

이규억·강희복·이재형, 『일본경제사회의 진화와 한일무역』, 한국개발연구
　　　원, 1988.

이기동, 『사상으로 풀어보는 한국경제와 일본경제』, 천지, 1994.

이대환, 『광복 70년 대한민국의 위대한 만남, 박정희와 박태준』, 아시아,
　　　2015.

이문원, 「일본은 韓流의 텃밭이자 발판」, 『월간조선 뉴스룸』, 2021.3.

이우광, 『일본시장 진출의 성공비결, 비즈니스 신뢰』, 한일산업기술협력재
　　　단, 2008.

이종석, 「'영일만 신화' 박태준과 포항제철」, 『조선비즈』, 2011.12.14.

이종윤·김현성, 『전환기의 한일경제』, 이채, 2007.

이향철, 『일본경제 잃어버린 10년의 사투 그리고 회생』, 제이앤씨, 2005.

일본 역사교육자협의회 편·송완범 외 옮김, 『동아시아 역사와 일본』, 동아
　　　시아, 2005.

전인권, 『박정희 평전』, 이학사, 2006.

정승연, 「한국의 입장과 정책」, 『동아시아 경제통합』, 서울경제경영출판사,
　　　2009.

정승연, 「일본 경제보복에 대처하는 기술안전망 구축」, 『2020 한국경제대전
　　　망』, 21세기북스, 2019.

정재정, 『주제와 쟁점으로 읽는 20세기 한일 관계사』, 역사비평사, 2014.

지명관·이가라시 마사히로·오카다 마사노리·나코 미치다카 편저, 『전후보
　　　상과 한일의 상호이해』, 한양대학교 출판부, 2003.

통계청, 「일본 대비 기술분야별 기술격차(제조업)」, 2019.

한국동북아지식인연대 편, 『동북아공동체를 향하여 – 아시아 지역통합의 꿈
　　　과 현실』, 동아일보사, 2004.

한국무역협회, 『한일기업협력, 그 성공의 열쇠』, 1995.

홍준표·민지원, 「잠재성장률 하락의 원인과 제고 방안」, 현대경제연구원,
　　　2019.

| 일문자료 |

岡本有佳·加藤圭木, 『だれが日韓「対立」をつくったのか - 徴用工, 「慰安婦」, そしてメディア』, 大月書店, 2019.

小川紘一, 「プロダクト·イノベーションからビジネスモデル·イノベーションへ - 日本型イノベーションシステムの再構築に向けて(1)」, 『IAM (Intellectual Asset-Based Management: 東京大学 知的資産経営総括寄付講座) Discussion Paper Series』, No. 1. 2008.

小此木政夫·平岩俊司·倉田秀也·古川勝久·阪田恭代, 『「不確実性の時代」の朝鮮半島と日本の外交·安全保障』, 日本国際問題研究所, 2020.

柯隆, 『東アジアの呪縛 - 歴史の罠』, 中国総合研究センター, 2020.

川瀬剛志, 『日韓紛争にみるWTO体制と安全保障貿易管理制度の緊張関係』, 日本国際問題研究所, 2021.

河東哲夫·美根慶樹·津上俊哉·塩谷隆英·柳澤協二, 『激変の北東アジア - 日本の新国家戦略』, かもがわ出版, 2019.

金明中, 『新型コロナ対策で日韓が再対立 - ともにこの危機を乗り越えよう!』, ニッセイ基礎研究所, 2020.

朽木昭文·富澤拓志·福井清一, 『米中経済戦争と東アジア経済 - 中国の一帯一路と米国の対応』, 農林統計協会, 2021.

纐纈厚·平井久志·小池晃, 『日韓記者·市民セミナーブックレット - 政治の劣化と日韓関係の混沌』, 社会評論社, 2021.

小黒一正, 『日本經濟の再構築』, 日本経済新聞出版社, 2020.

小室直樹, 『韓国の崩壊 - 太平洋経済戦争のゆくえ』, 光文社, 1988.

椎野幸平, 「アジア太平洋の経済圏形成に弾みをもたらすRCEP」, 『世界経済評論』, No. 1958, 国際貿易投資研究所, 2020.

末松千尋, 『京様式經營』, 日本經濟新聞出版社, 2002.

高畑昭男, 「日米韓連携に暗雲-GSOMIA問題で公然化した〈韓国漂流〉」, 東京財団政策研究所, 2019.

高安雄一, 「対韓国輸出管理適正化で韓国は脱日本を果たせたか」, 『世界經濟評論』, No. 2090, 国際貿易投資研究所, 2021.

鄭承衍, 『日韓經濟比較論』, 金澤大學經濟學部, 2004.

鄭承衍, 「東アジア經濟統合の現狀と課題」, 『東アジア共生の歴史的基礎 - 日本・中国・南北コリアの対話』, 御茶の水書房, 2008.

中島朋義, 「日本の対韓国輸出管理強化」, 『ERINA REPORT PLUS』, No. 158, 環日本海経済研究所, 2021.

永濱利廣, 『經濟危機はいつまで續くか - コロナ・ショックに搖れる世界と日本』, 平凡社, 2020.

夏野剛, 『夏野流脱ガラパゴスの思考法』, SoftBank Creative, 2010.

日韓教育実践研究会(日本)・慶南歴史教師の会(韓国), 『日韓共同の歴史教育 - 21世紀をきりひらく授業実践交流の軌跡』, 明石書店, 2019.

野口悠紀雄, 『1940年體制』, 東洋經濟新報社, 2002.

松竹伸幸, 『日韓が和解する日 - 両国が共に歩める道がある』, かもがわ出版, 2019.

百本和弘, 「厳しい日韓関係が両国間の経済関係に及ぼす影響」, 世界平和研究所, 2021.

森武麿·浅井良夫·西成田豊·春日豊·伊藤正直, 『現代日本經濟史』, 有斐閣, 2002.

山家悠紀夫, 『日本經濟30年史 バブルからアベノミクスまで』, 岩波書店, 2019.

일본 동행과 극복

초판 1쇄　2021년 07월 04일

지은이　정승연
발행인　김재홍
디자인　김다윤
마케팅　이연실

발행처　도서출판지식공감
등록번호　제2019-000164호
주소　서울특별시 영등포구 경인로82길 3-4 센터플러스 1117호(문래동1가)
전화　02-3141-2700
팩스　02-322-3089
홈페이지　www.bookdaum.com
이메일　bookon@daum.net

가격　15,000원
ISBN　979-11-5622-612-3　03300